本书获四川省软科学项目（2018ZR0275），西南石油大学服务民族地区科研专项（2017RW037）和西南石油大学青年科研团队项目"灾害社会工作研究"（2015CXTD09）资助。

灾害移民社会适应问题研究

周炎炎　杜　鹏◎著

四川大学出版社

项目策划：蒋姗姗
责任编辑：蒋姗姗
责任校对：许　奕
封面设计：墨创文化
责任印制：王　炜

图书在版编目（CIP）数据

灾害移民社会适应问题研究 / 周炎炎，杜鹏著. — 成都：四川大学出版社，2019.8
ISBN 978-7-5690-3051-8

Ⅰ. ①灾… Ⅱ. ①周… ②杜… Ⅲ. ①自然灾害－移民安置－研究－中国 Ⅳ. ① D632.4

中国版本图书馆 CIP 数据核字（2019）第 191092 号

书　名	灾害移民社会适应问题研究
著　者	周炎炎　杜　鹏
出　版	四川大学出版社
地　址	成都市一环路南一段 24 号（610065）
发　行	四川大学出版社
书　号	ISBN 978-7-5690-3051-8
印前制作	四川胜翔数码印务设计有限公司
印　刷	郫县犀浦印刷厂
成品尺寸	148mm×210mm
插　页	1
印　张	6
字　数	163 千字
版　次	2019 年 8 月第 1 版
印　次	2019 年 8 月第 1 次印刷
定　价	36.00 元

版权所有　◆　侵权必究

◆ 读者邮购本书，请与本社发行科联系。
电话：(028)85408408/(028)85401670/(028)86408023　邮政编码：610065
◆ 本社图书如有印装质量问题，请寄回出版社调换。
◆ 网址：http://press.scu.edu.cn

四川大学出版社
微信公众号

前　言

　　自然灾害巨大的破坏力量和频发态势使人们更加深刻地意识到科学减灾和防灾的重要性。党和政府在对自然灾害风险形势做出科学研判的基础上，也在不断深化相关方面的决策规划和工作部署。其中，对生态环境恶劣的灾害频发地区进行人口迁移，避免再次出现大面积、大规模的伤亡，也成为秉持以人为本理念、践行科学发展观的最符合自然和社会发展规律的重要举措。作为一个复杂的系统工程，因灾人口迁移不仅表现为人口居所的搬迁，同时也涉及一整套生存发展系统的综合变迁和持续适应过程。而灾害移民的社会适应，既牵涉个体的生存发展，同时也对区域人口重建和经济社会可持续发展产生重大影响。因此，在因灾人口迁移过程中，不仅要重视前期人口迁移的规划部署工作，同时也必须重视灾害移民后期的社会适应问题。

　　通过文献检索发现，迄今国内外针对灾害移民社会适应的研究相对较少，国外早期大都集中于国际移民的文化适应和融合研究，20世纪90年代以后开始转向环境移民研究领域，而国内则多集中于对水利工程移民、生态移民和城市流动人口的研究。本书通过对文献的进一步梳理分析后提出，国内外社会学和心理学等理论可以为研究提供坚实的理论基础，实证主义的方法论和研究范式也可以为本研究提供合理的视角和科学的指导，而社会适应和移民研究领域的诸多经验研究又可为本书在分析框架和研究方法选取上提供充分的借鉴。对研究所涉及的核心概念，本书将社会适应具体界定为：移民为适应各种环境改变而做出各种调适行为后所呈现出的生活状态；将现阶段的灾害移民具体界定为：在自然灾害发生后，为避免再次遭受灾害打击，有效推动灾后人口与经济和社会重建而采取的人口迁移后产生的长期或永久异地迁居的移民；调查研究中的操作化和分析单位确定均依据明确界定的概念。

在研究设计中，首先在方法论指导和理论体系构建基础上，设定灾害移民社会适应的理论分析框架，并依据社会适应的内外部系统构成进行调查设计。理论上，社会适应应包括心理适应、生产适应、生活适应、人际适应和文化适应五个层面，但在实际研究中会因研究对象的特征差异而有所操作侧重。本书结合经验研究和对研究对象特征的把握，将灾害移民社会适应的内部系统操作分为生计发展适应、基本生活适应、人际交往适应和文化适应四个维度，将外部系统操作分为微观个体系统、中观群体及其关联系统和外部宏观环境系统三个方面，据此设计具体测量指标。实证研究中，首先提出了基本研究假设和具体假设，进而通过收集调查资料和分析验证这些假设，得出研究结论。

调查通过自填式问卷和结构式访谈收集资料。问卷由个人基本情况、经济生产适应情况、基本生活适应情况、人际交往适应情况、文化适应情况和总体适应情况六个部分组成，设计的问题基本涵盖社会适应内外部系统的具体测量指标；访谈提纲则主要涉及移民对迁居地社会环境状况、具体适应状况的主观评价及其在迁居后遭遇的诸类生活困境。调查主要在"5·12"汶川地震后灾害移民集中的北川永川镇等四地进行，实际调查中因调查地点的实际情况分别采用多段抽样和简单随机抽样两种方案抽取样本，调查中实际发放问卷765份，回收有效问卷626份，同时对15个调查对象进行深度访谈，有效问卷回收率超过81%。回收的有效样本中，性别结构、年龄结构、民族结构、职业结构以及婚姻家庭结构等相对比较合理，其分布状况与调查区域的移民总体状况较为接近，对问卷的信度效度检验也显示数据具备较高的内部一致性和较强的结构效度。回收的问卷资料通过 Foxpro 软件录入数据库后导入 SPSS20.0 并进行有效范围和逻辑一致性清理，确保消除人为录入误差，通过 SPSS20.0 进行单变量的频数分析、集中趋势和离散趋势分析、双变量的相关分析和假设检验、多变量的多元回归分析，最终确立的实证分析框架即灾害移民社会适应结构维度及其测量指标（因变量）和影响因素（自变量）的实际归属主要采用因子分析和聚类分析手段，依据指标数据内在的数理关系得出。回收的访谈资料，在后期进行了转录并分类整理，以定性方式进行归纳式的分析论证与定量分析。

通过对调查数据单、双变量的描述性和推论统计以及对访谈资料的归纳分析总结了灾害移民的社会适应状况和差异性特征，并呈现其中存在的现实问题，进而通过多元回归分析探讨了灾害移民社会适应的诸多影响因素，得出如下调查结论：

（1）单变量的分析结果表明，调查对象在生计发展、基本生活和人际交往上适应良好，在具体适应状况上有所差异。其中，生计发展适应水平相对最高，基本生活和人际交往适应水平相对较高，心理适应水平相对较低。

（2）双变量的相关分析和假设检验结果表明，研究所做出的基本假设"不同自然和社会特征的灾害移民社会适应状况存在显著差异"被部分证明，具体而言：第一，不同性别者在社会适应四方面存在显著差异；第二，不同年龄者在社会适应四方面存在显著差异；第三，不同民族者在基本生活适应、人际交往适应方面存在显著差异，在生计发展适应、心理适应方面无显著差异；第四，不同宗教信仰者在社会适应四方面存在显著差异；第五，不同受教育程度者在社会适应四方面存在显著差异；第六，不同婚姻状况者在社会适应四方面存在显著差异；第七，不同政治面貌者在基本生活适应、心理适应方面存在显著差异,在生计发展适应、人际交往适应方面无显著差异;第八,不同职业者在社会适应四方面存在显著差异;第九,不同家庭人口数者在心理适应、人际交往适应方面存在显著差异,在生计发展适应、基本生活适应方面无显著差异;第十,不同家庭月收入者在社会适应四方面存在显著差异。

(3)问题分析表明,灾害移民在四个层面的社会适应状况中具体表现出资金缺乏、就业困难、不适应迁居地的生活方式以及持续的思乡情绪和带有一定的返迁倾向等问题,同时灾害移民在某些社会适应中的个体分化现象较为突出。进一步对这些问题进行经验反思得出四点结论:灾害移民生计发展适应问题源于其生计资本遭到破坏后的资本重组困境;灾害移民基本生活适应和人际交往适应问题的本质是包含了意识、行为、价值观和生活习惯等内容的文化适应问题;灾害移民社会适应的差异性特征从本质上而言是一个不可避免的客观现象,并不构成"问题",但具体到特定情况的分化现象则应引起关注;正常的思乡情绪是移民情感流露的常规表现,但如果时常以强烈的形式表现则说明了个体心理调适方面的适应性不足,同时返迁意愿与移民所处的外部环境息息相关,既受到移民自身的适应状况影响,也会反作用于移民的社会适应过程。

(4)影响因素分析结果表明,基本假设1"灾害移民的个人特征影响其社会适应"及其具体假设(1a"灾害移民的个人特征影响其生计发展适应"、1b"灾害移民的个人特征影响其基本生活适应"、1c"灾害移民的个人特征影响其心理适应"、1d"灾害移民的个人特征影响其人际关系适应"),基本假设2"灾害移民的人际关系网络影响其社会适应"及其具体假设(2a"灾害移民的人际关系网络影响其生计发展适应"、2b"灾害移民的人际关系网络影响其基本生活适应"、2c"灾害移民的人际关系网络影响其心理适应"、2d"灾害移民的人际关系网络影响其人际关系适应"),基本假设3"生活环境影响灾害移民的社会适应"及其具体假设(3a"生活环境影响灾害移民的生计发展适应"、3b"生活环境影响灾害移民的基本生活适应"、3c"生活环境影响灾害移民的心理适应"、3d"生活环境影响灾害移民的人际交往发展适应")被具体证明,而基本假设4"政府行为影响灾害移民的社会适应"及其具体假设(4a"政府行为影响灾害移民的生计发展适应"、4b"政府行为影响灾害移民的基本生活适应"、4c"政府行为影响灾害移民的心理适应"、4d"政府行为影响灾害移民的人际交往发展适应")没有通过统计检验。进一步分析发现,不同因素对灾害移民社会适应层面的影响强度存在差异,生活环境因素对生计发展适应的影响作用相对最大,政府行为因素对基本生活适应的作用相对最为明显,个人特征因素对心理适应相对起到更重要的制约作用,人际关系网络因素对人际交往适应产生更为重要的影响。

总体而言,本书基于实证范式开展的调查研究所得出的结论是可靠而真实的,也具备一定的说服力,但受制于一些主客观因素,对灾害移民社会适应问题的研究也局限在状况、特征、问题及影响因素层面的分析和阐释,后续应该进一步拓展和深化灾害移民社会适应问题研究的内容和理论深度。同时,应加强对我国现阶段因各类灾害所致的移民社会适应问题综合运用调查研究、实地研究等不同的研究方式进行研究,以保证研究结论具备较强的可推广性和参考价值。

目 录

第一章　绪　论……………………………………………（1）
　第一节　研究缘起……………………………………（1）
　第二节　研究思路和方法……………………………（4）

第二章　文献回顾…………………………………………（8）
　第一节　国外相关研究状况及其进展………………（8）
　第二节　国内相关研究状况及其进展………………（15）

第三章　我国因灾人口迁移的历史和现状………………（23）
　第一节　因灾人口迁移的界定………………………（23）
　第二节　我国因灾人口迁移的历史状况……………（25）
　第三节　我国现阶段因灾人口迁移的类型和特征…（31）

第四章　灾害移民社会适应的理论分析…………………（36）
　第一节　灾害移民社会适应研究的方法论基础……（36）
　第二节　灾害移民社会适应研究的理论基础………（39）
　第三节　灾害移民社会适应的系统构成……………（48）

第五章　灾害移民社会适应研究的调查概况与实证框架……（56）
　第一节　调查设计……………………………………（56）
　第二节　灾害移民社会适应研究的实证分析框架…（66）

第六章　灾害移民社会适应状况的现实考察
　　——基于 BC 等地 626 名地震移民的调查研究…………（72）
　第一节　灾害移民社会适应的基本状况……………………（72）
　第二节　灾害移民社会适应状况的个体差异性特征……（100）
　第三节　灾害移民社会适应状况中呈现的问题…………（125）

第七章　灾害移民社会适应的影响因素分析…………（138）
　第一节　灾害移民社会适应影响因素的经验假设………（138）
　第二节　灾害移民社会适应影响因素的研究设定………（140）
　第三节　灾害移民社会适应影响因素的实证分析………（156）

第八章　结论与思考………………………………………（166）
　第一节　研究结论…………………………………………（166）
　第二节　增进灾害移民社会适应的对策思考与相关研究展望
　　………………………………………………………（171）

参考资料…………………………………………………………（174）

后　记……………………………………………………………（183）

第一章 绪 论

现阶段我国发生的数次特大自然灾害使学界开始关注因灾人口迁移问题,但相关研究主要集中在宏观层面的迁移机制探讨和制度保障等内容,缺乏相应灾害移民个体的后期社会适应研究。人口迁移本身就是一种促进人口发展的策略,在以人为本的今天,人们日益意识到发展最终必然要落实到"人",因此,必须全面审视因灾人口迁移的整体过程,不仅要关注如何做好前期的相关迁移工作,保障人口迁移的效益和效率,也应同时考虑到灾害移民对新环境的社会适应问题,确保人口迁移最终发展目的的达成。

第一节 研究缘起

一、研究背景

气候变化加剧、自然灾害在全球范围频繁发生,这严重威胁人们的生命财产安全和制约经济社会发展,特别是地震灾害,其造成的破坏和损失尤为严重。我国幅员辽阔,气候和地理条件复杂,自然灾害也逐渐成为制约国民经济和社会发展的一大重要因素。近年来,我国接连爆发的几次特大自然灾害对灾区人民的人身财产安全、区域人口以及经济和社会发展产生了重大破坏。最新统计资料①显示，2013年，我国各类自然灾害受灾人口超过3.8亿，直接经济损失5808.4亿元。而在2000年至2013年间，我国境内②发生泥石流、滑坡等地质灾害超过35万次，伤亡人数4.6万人，直接经济损失654亿元；地震灾害166次，其中6.0级以上35次，共造成人员伤亡49.2万人，直接经济损失超过10680亿元。

自然灾害巨大的破坏力量和频发态势使人们更加深刻地意识到科学减灾和防灾的重要性。我国党和政府在对自然灾害风险形势做出科学研判的基础上，也在不断深化相关方面的决策规划和工作部署。其中，对生态环境恶劣的灾害频发地区进行人口迁移，避免再次出现大面积、大规模的伤亡，也成为秉持以人为本理念、践行科学发展观的最符合自然和社会发展规律的有效举措。

我国现阶段的因灾③人口迁移是应对区域恶劣自然环境条件和自然灾害风险、促进区域人口发展的一项理性选择，是政府主导的有计划、有组织的大规模永久性人口迁居工程。在科学细致的工作部署前提下对受灾人口的部分或整体永久性搬迁，也是有效降低自然灾害对区域人口以及经济社会发展破坏程度和避免破坏的可行措施。当然，自然灾害诱因导致的有组织、有计划的人

---

① 《中国统计年鉴》2014年，http：//www.stats.gov.cn/tjsj/ndsj/。
② 仅指中国大陆，不包括香港、澳门特别行政区和台湾地区。
③ 按照孟昭华（2003）在《中国灾荒史记》（第1页）中的分析，"灾"就是基于自然和社会因素产生的破坏力给人们生产生活带来的祸害，"灾"即是"害"，我国古人认为"灾"指的是天灾，泛指自然灾害。但在现实中，灾害包括自然灾害和人为灾害两大类别，通常把自然变异为主因产生的灾害称为自然灾害，如风灾、雪灾、地震等，而把人为影响为主因产生的灾害称为人为灾害。本书认为战争就是一种人为灾害。古代社会中很多灾害如饥荒、瘟疫等虽然有自然诱因，但其社会诱因如苛政、战争和生产力水平低下等常常是主因。因灾人口迁移的概念界定具体见本书第三章。

口迁移作为一个复杂的系统工程，其不仅表现为人口居所的搬迁，同时也是迁移个体和群体一整套生存发展系统（社会、经济、文化和心理）的综合变迁和持续适应过程，而灾害移民的社会适应，既牵涉个体的生存发展，同时也对区域人口重建和经济社会可持续发展产生重大影响。因此，在因灾人口迁移过程中，不仅要重视前期人口迁移的规划部署工作，同时也必须重视灾害移民后期的社会适应问题。

二、研究目的和意义

因灾人口迁移存在典型的突变性特征，在移民的身心均突然遭受或多或少的破坏打击后，其生活的地域环境、社会关系、生产方式和心理感受等主客观状况都发生了急剧的变迁，不断地进行各种心理和行为调适，持续的社会适应和再适应，也是灾害移民在安置地基础设施建设深化完善的同时必须面临的重要环节。本书以北川、汶川、青川等地在"5·12"地震后的灾害移民为典型，通过对灾害移民社会适应状况的调查研究，客观把握移民的社会适应状况、特征和问题，探讨影响移民社会适应的主要因素，并提出一些针对性的对策建议，既有助于促进移民的社会适应，促进迁入地人口与经济社会可持续发展，也可为仍在进行中的灾后人口迁移及我国相关人口迁移工程提供参考借鉴。

通过开展理论和实证相结合的研究，本书期望完成以下两个方面的直接目标，并最终达成研究主旨：一是通过文献回顾的方式，对以往相关研究进行较为全面的梳理、总结和分析，提炼和阐述灾害移民社会适应的基础理论体系，构建本书研究的理论分析框架；二是在理论分析的基础上确定实证研究方案，并通过科学严谨的调查研究客观把握灾害移民的社会适应状况、特征及其问题，深入剖析影响灾害移民社会适应的关联性因素，最终，针对灾害移民在社会适应过程中呈现出的问题和差异性特征进行适当的经验分析并整合影响因素分析得出实证研究结论,为后续相关应用性的政策研究提供参考。

总体而言,通过研究的开展及研究主旨的最终达成,本书可以具备三个方面的理论和现实意义:

第一,不同于国内广泛的水利工程移民和生态移民的社会适应研究,本次研究系统开展了灾害移民群体社会适应的调查实证,可以在一定程度上丰富和衍生目前学界普遍关注的灾后人口迁移这一领域的研究内容,推动灾后人口重建工程和人口可持续发展。

第二,本次研究首先对国内外相关理论基础和实践研究成果进行了一次针对性的全面准确的梳理、总结和分析,在此基础上构建研究分析框架,期待达成的科学合理的分析体系和规范严谨的分析方式可以为其后的相关研究提供一定的借鉴和参考。

第三,本次研究的目的在于客观考察灾害移民的社会适应状况、特征和问题,并对其进行差异性的比较分析和影响因素分析,所得客观结论可以为因灾人口迁移工程的政策提供直接的现实依据。

第二节　研究思路和方法

一、相关术语的界定

(一)灾害移民

灾害移民本身有两层含义:一是表现在动词层面,即因灾进行的人口迁移活动;二是当成名词理解,即因灾害迁移安置的人或者说是因灾人口迁移而产生的人口群体。在具体研究中，学者一般将灾害移民的动词形式和名词形式交互使用，涉及宏观的迁移机制和路径措施时当成动词使用，当研究个体的生产、生计等社会适应状况这些微观层面时则当成名词使用。

基于研究主旨，本书中所涉及的"灾害移民"术语均为名词形式，特指因灾[①]迁移安置的个体，而灾害移民的动词形式则以"因灾人口迁移"这一术语表达。同时，灾害移民有广义和狭义之分。广义的灾害移民既包括"避灾移民"，又包括灾害发生后的"灾后移民"；狭义的"灾害移民"仅指"灾后移民"。二者从本质上看都属于广义的"生态移民"[②]范畴，但本书通过对国内相关情况的分析，认为"避灾移民"可以直接纳入生态移民问题考察，而"灾后移民"的特征、问题和研究意义比较特殊，由此才单独从生态移民范畴内剥离为"灾害移民"问题考察，本书研究的"灾害移民"也为狭义所指，同时针对当前国内因灾人口迁移的实际状况，本书研究的对象特指自然灾害发生后进行的人口迁移过程中产生的移民。

综上所述，本书将研究对象即"灾害移民"明确界定为：在自然灾害发生后，为避免再次遭受灾害打击、有效推动灾后人口与经济和社会重建而采取的人口迁移后产生的长期或永久异地迁居的移民。此类移民范畴并不包括灾后紧急救援时期的临时异地安置居民，而是特指在灾后恢复重建并已创造出一定

---

① 由于现阶段因灾人口迁移的主要诱因是自然灾害，本书具体考察的灾害移民也是特指自然灾害发生后因灾人口迁移产生的移民。

② 生态移民的概念界定虽然迄今仍存在争议，但按照主流的观点，如刘学敏（2002），李宁、龚世俊（2003），葛根高娃、乌云巴图（2003），包智明（2006）等人的研究，可以认为广义的生态移民就是考虑到人口与自然环境矛盾激化下的人类为生存和发展主动采取的人口迁移行为及其产生的迁移人口，与自然环境直接相关的迁移活动和人口都可以称为生态移民。

的物质基础条件后长期或永久（自愿性或非自愿）异地安置迁居的居民。

（二）社会适应

从对"社会适应"相关的文献梳理和分析可以发现，社会适应既是一个过程，也可以用以反映一种状态或结果。本书的目的是对灾害移民在新居住地的社会适应状况进行呈现和评价，突出问题并在原因分析的基础上提出对策建议，因此本书研究的"社会适应"侧重反映社会适应的状态，即移民为适应各种环境改变而做出各种调适行为后所呈现出的生活状态。其具体结构和内容详见本书第五章实证框架分析中对"社会适应"的操作化内容。

二、研究路径

本书主要基于人口社会学的视角，研究我国当前灾害移民社会适应的问题及其对策，主要的研究步骤和思路如下：

第一，灾害移民社会适应理论基础和分析框架的确立。通过文献回顾，对国内外移民社会适应的理论基础和研究体系进行全面的梳理、总结、提炼和比较分析，确立灾害移民社会适应的经验分析框架，进而在奠定灾害移民社会适应研究理论基础和分析框架的前提下确定实证调研方案并进一步开展调查研究。

第二，灾害移民社会适应问题的调查研究。在前期文献分析的基础上，围绕研究主旨，在既定操作化框架和评价指标体系确定的前提下，设定科学的抽样方案，开展问卷调查和个案访谈，进一步结合对调查数据的统计分析确立灾害移民社会适应的实证分析框架，并通过定量分析和定性分析相结合的手段考察当前灾害移民社会适应的总体状况、特征和问题以及相关影响因素，并对相关深层次原因进行必要的经验反思。

在具体研究方法上,本书主要采用调查研究的方式,在资料收集方法上主要采取文献法,采用问卷法和访谈法收集移民社会适应状况的客观数据。在资料的分析和论证方式上,本书采用定性分析和定量分析相结合的方式。定性分析主面,采用综合论证和规范分析的方式,对移民社会适应相关研究的学术史进行梳理、总结和分析,对灾害移民社会适应的理论基础和经验分析框架进行质性阐释;定量分析方面,通过相关分析、因子分析、聚类分析和多元回归分析等统计手段直观呈现灾害移民社会适应的状况、特征、问题及影响因素,在前述工作的基础上,综合对文献、问卷和访谈资料的定性分析和定量分析得出最终研究结论。

具体而言,本书研究的技术路线可以概括为图1-1:

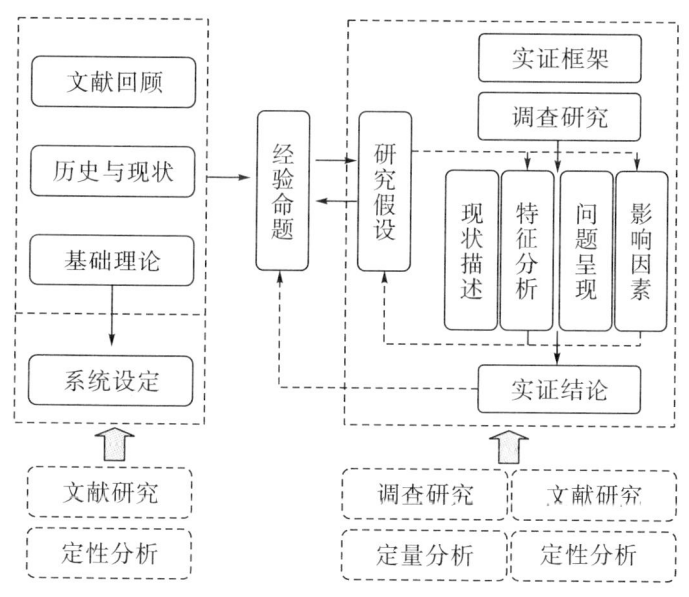

图1-1 灾害移民社会适应研究技术路线图

第二章 文献回顾

从文献检索结果分析，国内外对灾害移民社会适应的针对性研究鲜有，但本书通过研究溯源可以发现，中外关于社会适应的基础理论等可以为本研究提供充分的理论支撑；同时，在研究的关联性层面，西方的移民同化和族群文化融合等经验研究和国内关于水利工程移民、生态移民和流动人口社会适应的实证分析对本研究也有重要的参考价值。

第一节 国外相关研究状况及其进展

适应是生物体谋求生存所必须遵从的自然法则，同样，人们在面对外部环境[①]压力时也必须以社会适应的方式获得生存和发展。从功能层面分析，社会适应不仅可以保障社会成员有效地融入正常社会生活、促进自身发展，同时，也是社会秩序构建和维持、社会存在和演进的基础环节。由此，国外学界较早在微观和宏观层面关注社会适应的问题。

---

① 此处的外部环境包括社会和自然环境，由于人类社会活动所面临的自然环境与个体和社会的存在和发展息息相关，同时，从系统的视角分析，人们所面临的自然环境也是其社会生存的条件之一，已经被"人化"（或"社会"化），基于此，本书认为，人类在社会生活中对自然环境的适应也是其社会适应的构成内容。

一、适应与社会适应

适应（Adaptation）一词源于生物学，指的是"生物体如何形成自身的特征和求生的手段以帮助个体和该种群在某种环境中存活下来的过程"①。其后"适应"一词被广泛引入社会学、人类学和心理学领域，演变为"个体在与自身所处的环境持续的相互作用过程中，为了应对自然和社会环境变动而做出的积极或被动的行为改变"②。而由于人的本质属性是社会性，因此从迄今的研究状况看，社会科学研究的人类在应对社会环境时产生的适应行为和状况时自然而然就衍生出社会适应（Social Adaptation）这一术语。

心理学认为适应是一种复杂的、综合的心理现象，"也有心理学家认为适应是个体对外在社会环境压力的应激反应，是个体对其周围环境中压力的适从和应对方式"③，是个体在环境变化下"维护心理平衡时所做出的不断调整行为的持续过程"④。总的来说，有关"适应"的探讨一直贯穿心理学的人格研究（G. Allport，1937；Costa&McCrac，1994）、智力研究（J. P. Piage，1981；R. J. Sternber，1985；Crick & Dodg，1994；Greenspan，2002）和应对行为研究（G. E. Vaillah，1985；Lazarus，1993；Sedikides，

---

① 邓晓梅：《农村婚姻移民的社会适应研究》，南京大学博士论文，2011年，第10页。

② Woolston, H B, "Social Adaptation: A Study in the Development of the Doctrine of Adaptation as a Theory of Social Progress", *Harvard Economic Studies*, 2014年第3期，第311页。

③ 聂衍刚等：《社会适应行为的结构与理论模型》，华南师范大学学报（社会科学版），2006年第6期，第119页。

④ 杨彦平著：《社会适应心理学》，上海社会科学院出版社，2010年版，第10页。

1997；Povinell，1998)等。在具体研究中，一些学者通过对个体适应过程的持续观察，探讨适应的机制、过程和影响因素等内容，而更多的研究者则着眼于适应能力和行为的评价，在理论预设的前提下制订量表用以考察不同群体的社会适应状况。典型的如格林斯潘（S. Greenspan）在1979年、1992年和1997年三次修订提出的社会性能力评价模型，修订后的最终模型包括三大维度，即社会性智力、社会性气质和社会性性格，该模型也为后来者构建社会适应评价模型提供了参考框架；美国智力落后协会（AAMR）1981年针对3至21岁人群编制的适应行为评定量表，包括独立功能、自我导向、责任心和社交表现等21个主题，共95个条目。

对应于心理学对个体社会适应的微观考察，在社会学界，功能主义者侧重从功能视角分析"适应"，其分析层次也落实到社会适应的宏观社会功能层面。斯宾塞（H. Spencer，1852）在达尔文的《物种起源》出版前[①]就提出了人类社会中的"适者生存"概念，并指出最好的社会组织形式是人类在没有规则的竞争中出现的，它可以使最适者生存，当适者在资源竞争的困境中胜出，不适应者或死亡或到其他环境中寻求资源，此时社会分化就已产生。后来的功能主义者吸收并借鉴了这一思想，就人类适应生存环境提出了许多可供选择的分析方法，如帕森斯（T Parsons.，1951）提出的A（适应）G（目标达成）I（整合）L（模式维持）功能分析模式，其中适应功能，即行动系统[②]必须具有适应环境和从环境里获得资源的能力，只有具备适应功能，

[①] 按乔纳森·特纳在《社会学理论的结构》一书中所引用文献，斯宾塞在1852年的报刊文章中就使用了"适者生存"这一短语，早于达尔文1859年出版的《物种起源》。

[②] 帕森斯致力于构建可以涵盖一切社会现象分析的宏大理论，其AGIL结构功能分析既适用于宏观社会行动系统，也适用于微观的行动者个体。

系统才能达到有序状态并得以生存与发展,因此适应是系统生存的首要及基本功能。

衍生到社会适应及行为层面,开普兰等(Kaplan & Stein,1984)指出社会适应是个人借用各种技巧与策略来掌握应对生活中不同挑战的过程;美国智力落后协会(AAMR)(2002)则把社会适应行为定义为:"个体达到人们所期望与其年龄和所处文化团体相适应的个人独立和社会责任标准的有效性和程度"[①];高斯习德(Goldscheider,1983)认为移民的社会适应是其"对变化了的政治、经济和社会环境做出反应"[②]的一个过程;沃德(Ward & Kenndy,1993)则认为社会适应是跨文化的产物,即个体在跨文化环境中的心理调整和社会文化调整;此外,更多的社会学家和文化人类学家主要从文化传统和社会制度等层面关注人类为适应环境所做出的行为改变[③],并经常通过对因行为改变而来的个体社会适应具体状况的考察及深入探究达成各自的研究主旨,相关探讨更常见于西方移民社会适应的研究之中,其"社会适应"(Social Adaptation)也特指文化适应(Acculturation)。

---

① Grossman, H J (ed), *Classfication in Mental Retardation*, American Association of Mental Retardation, 1983 年,第 1 页。

② Goldscheider, G, 1983, *Urban migrants in developing nations*, Westview Press. 转引自朱立:《论农民工阶层的社会适应》,《江海学刊》,2002 年第 6 期,第 82 页。

③ 按照一些中外学者的分析,在社会学和人类学研究中,顺应(Accommodation)、同化(Assimilation)和适应(Adaptaiton)是相近的概念,在很多情况下这些概念被同样或交互使用。详见 A. D. Arnold(1956)*The Study of Human Relation*;马戎(1997)《西方民族社会学的理论与方法》;张海波、童心(2006)《我国城市化进程中失地农民的社会适应》;叶继红(2013)《农民集中居住与移民文化适应》等论著。

二、移民社会适应研究的基本脉络

工业革命以来的国际移民日趋活跃,跨国移民如何在具有较大差异的社会文化环境中适应也成为西方学者关注的焦点问题,迄今为止,国外的社会适应研究也主要集中在社会学和人类学对移民适应的研究领域。客观而言,社会适应一词在国外相关著述中并不多见,由于文化是人类社会的基本构成要素且根植于人们的社会生活中,因此"文化"这一人类通过习得而来的意识、行为方式和价值观成为众多学者研究移民社会适应的切入点,Acculturation(文化适应)和 Assimilation(同化)也替代了 Social Adaptation(社会适应)成为国外移民社会适应研究著述的核心关键词,"文化适应"多见于文化人类学的移民适应研究,"同化"则在社会学对移民适应的研究中被广泛采用[1]。无论是在人类学还是社会学界,相关的研究成果非常丰富,总体可以分为"同化论"和"文化多元主义"[2] 两大流派。

传统的"同化论"学者认为,移民在迁入国的文化适应就是单向度的融入过程,倾向于强调外来移民对移居地文化的适应和认同,从而抛弃了原居地的社会文化传统,其早期思想可以追溯到克雷夫科尔(H. J. Crevecoeur,1782)的"熔炉论":"美国已经并且仍然继续将来自不同民族的个人熔化成一个新的人

---

[1] 马戎编:《西方民族社会学的理论与方法》,天津人民出版社,2007年版,第92页。

[2] 文化多元主义在各个学者的具体表述中也会用"多元论"或"文化多元论"等术语表达。具体参见李明欢(2000)等人的论著及魏万清(2008)等人的相关综述研究。

种——'美国人'"①;芝加哥学派的帕克(R. E. Park,1950)则建立了一个模型来形象阐释同化的过程,这一模型包括接触(Contact)、竞争(Competition)、顺应(Accommodation)和同化(Assilation)四个阶段②;其后一些学者也相继构建出一些模型用以分析移民的同化过程,如美国心理学家阿德勒(P. Adler,1975)的文化适应五阶段模型,包括接触(Contact)、崩溃(Disintegration)、重组(reintegration)、自律(Autonomy)和独立(Independence)③。

总的来说,"同化论"认为移民的文化适应是朝着单一的方向即"同化"演进,其在现实分析中适用于自愿移民,但在各种影响因素的作用下,完全的"同化"并不太可能发生,一些非自愿移民或对原有文化认同和归属感较强的群体也会存在截然不同的文化适应方向。芝加哥学派的一些社会学家通过长期大量的实证研究就发现移民的文化适应模式主要有两种④:一是改变自我,用较长的时间进行调适,如改变职业、生活方式,调整社会关系等;另一种适应的模式是重建原有的生活环境和文化,即当移民形成一个移民网络的时候,迁移者会在新的社区中重建原有的生活方式和文化。⑤

"同化论"的移民文化适应模式忽视了移民的主观能动性和

---

① 李明欢:《20世纪西方国际移民理论》,《厦门大学学报(哲学社会科学版)》,2000年第4期,第15页。
② 叶继红著:《农民集中居住与移民文化适应——基于江苏农民集中居住区的调查》,社会科学文献出版社,2013年版,第26页。
③ 叶继红著:《农民集中居住与移民文化适应——基于江苏农民集中居住区的调查》,社会科学文献出版社,2013年版,第26页。
④ 转引自许涛:《广州地区非洲人的社会交往关系及其行动逻辑》,《青年研究》,2009年第5期,第72页。
⑤ 转引自许涛:《广州地区非洲人的社会交往关系及其行动逻辑》,《青年研究》,2009年第5期,第72页。

文化再生产能力，且这一论调是基于文化中心主义态度，认为西方发达国家的文化是先进的，跨国移民具备同化的动力，随着时代的进步，"同化论"被越来越多的学者批判，"文化多元主义"逐渐兴起。"文化多元主义"以文化相对主义态度，强调"不同种族或社会集团之间享有保持'差别'的权利"①，主张尊重文化差异下的自由和平等。学者逐渐认为族群接触的结果不只是单向的融入，而是双向的接受和融合，更多的现实依据也不断被各类研究所呈现。例如：在美国，当具有相似文化背景的欧洲移民在文化适应上呈现"同化"时，亚裔和非洲裔移民的文化适应方向则截然不同，唐人街的华人群体由于重视原有文化而采取的"分离"策略就是一个很好的现实例证。由此，"文化多元主义"在20世纪70年代后也逐渐成为西方一些国家解决国内种族和民族矛盾的理论基础。当然，"文化多元主义"将西方族群冲突问题简约为文化问题以及是否暗含着文化僵化和静止观也正在受到一定的质疑，用移民的文化适应替代其社会适应问题并用以解释人口迁移过程中的族群冲突现象也有着文化决定论的谬误嫌疑。

三、灾害移民的相关研究

国外学者较早关注自然环境与人口发展的相互作用，气候变迁背景下自然灾害与人口迁移、环境移民等相关研究著述也开始出现。早期如 Wolpert 在 1966 年提出的"压力阈值"模型②，认为环境压力对居民的迁移决策产生重大影响；而随着"环境移

---

① 李明欢：《20世纪西方国际移民理论》，《厦门大学学报（哲学社会科学版）》，2000年第4期，第16页。
② Wolpert, J, "Migration as an Adjustment to Environmental Stress", *Journal of Social Issues*, 1966年，第22卷第4期，第92-102页。

民"或"环境难民"(Environmental Refugee)[1] 这一概念的提出，灾害移民也被 Bates. D. C 等学者视为"三大环境移民之一"[2]。就当前研究状况看，学者对受灾居民的迁移决策展现出了更大的兴趣，他们认为人们在遭遇灾害后的迁移决策，在很大程度上与个体对灾害的"风险感知"[3] 有关，对灾害风险感知强烈者会做出迁移决策，而对灾害的风险感知不强烈者可能不愿意迁移。Hunter L. M. （2005）还针对不愿意搬离灾区的居民进行了动因分析，其中个体感知不到灾害风险、感受到灾害风险但没想到危害以及想到危害但感觉不大等个体风险感知因素成为主要原因，相关的灾害移民风险感知的测量实证也持续开展。此外，针对发展中国家与发达国家的灾害移民情况调查的研究也在不断开展，但相关研究结论也存在较大的差异性。Morrow-Jones. H A.（1991）等人对美国受灾居民进行了调查研究，发现老年人和少数族裔等社会弱势家庭是灾后迁移的主要人群，富裕家庭由于其抗灾和灾后恢复能力较强则迁移的可能性较小；而 Sjoberg L. （2004）则发现在马来西亚的洪灾中，能够迁移的家庭都是富裕的。

第二节 国内相关研究状况及其进展

目前国内灾害移民的社会适应针对性研究尚处于空白，相关

---

[1] Myers，N，*Environmental Refugees*，Population and Environment，1997 年，第 19 卷，第 167-182 页。

[2] Bates，D. C，"Environmental Refugees? Classifying Human Migration Caused by Environmental Change"，*Population and Environment*，2002 年，第 23 卷第 5 期，第 466 页。

[3] Slovic，P，"Perception of Risk"，*Science*，1987 年，第 236 卷，第 280-285 页。

研究主要侧重社会适应的心理学研究、水利工程移民的社会适应研究、生态移民的社会适应研究和流动人口（农民工）的社会适应研究四个方面。

一、心理学对社会适应的研究

国内有心理学者认为社会适应研究的对象是行为，即"个体的社会适应状况是通过个体与社会环境相互作用的行为活动而实现的，社会适应也是通过其行为表现出来的，故研究社会适应就是研究适应行为"[①]；聂衍刚等（2006）认为社会适应行为是一个包括个体社会生活的能力水平和个体适应社会环境的策略和方式的复合体；刘立新（2001）认为，个体的社会适应可以被认为是个体根据外在环境的变化，对社会信息进行自主反馈，对自我和环境有效加以调整和控制，应该从以下几个方面加以考察：自我的激发、自主性、自我系统的开放、信息的包容、自我控制调节、环境控制和压力应对等，并且它们不是截然分开的，而是一个相互联系、相互影响的有机整体。更多的研究者侧重从社会适应状况评价的角度考察个体的"社会适应性"，如杨永欣（2000）认为社会适应性是指个体"面对社会环境的变化，能主动改造环境以适应自身需求，或能改造自身以适应环境的要求，从而使自己保持良好精神的一种状态"[②]；陈建文（2003）、黄希庭（2004）认为"社会适应性"是个体社会适应所需要的心理素质，并从社会适应的过程角度，通过对中学生社会适应性实证研究，构建了社会适应性的结构，包括心理优势感、心理能量、人际适

---

① 杨彦平：《社会适应心理学》，上海社会科学院出版社，2010 年版，第 10 页。

② 杨永欣：《关于高职班学生耐挫能力及其社会适应性的思考》，《山东教育学院学报》，2000 年第 5 期，第 11 页。

应性和心理弹性等；陈建文（2010）具体阐释了社会适应的四个层次[①]，包括感觉适应、行为适应、认知适应和人格适应。在社会适应评价研究层面，韦小满（1996）编制了包含两大部分6个分量表共79个条目的"儿童适应行为量表"[②]，在北京、郑州和邯郸三市进行了抽样调查，考察了1715名儿童的社会适应状况；王永丽等（2005）在韦小满等人量表的基础上编制了"儿童社会生活适应量表"[③]，通过生活自理、居家、生活自我管理和社会交往等7个因素共40题对605名小学生进行社会适应状况的评价；杨彦平等（2007）编制了包括内容特质、预测控制、心理调节和动力支持四个维度分别共241题和175题的"中学生社会适应量表"[④]，对3595名中学生进行了测试和再测，发现女性中学生的社会适应总体上优于男性。总体而言，目前国内心理学界已经发展出五种社会适应模式，分别是心理健康模式、社会智力模式、社会胜任力模式、自我监控模式和压力应对模式，这些模式各自偏重于个体在社会适应中的某一心理特性的研究，但从研究趋势上看，更多的学者指出人适应社会是一个复杂的心理行为系统，人的行为不仅受到认知水平的影响，还受到自身情绪情感和意志品质以及外在环境等多种因素的影响，因此社会适应的评价需要综合各种因素。

---

① 陈建文：《论社会适应》，《西南大学学报（社会科学版）》，2010年第1期，第10－11页。
② 韦小满：《儿童适应行为量表的编制与标准化》，《心理发展与教育》，1996年第4期，第23－30页。
③ 王永丽等：《儿童社会生活适应量表的编制与应用》，《心理发展与教育》，2005年第1期，第109－113页。
④ 杨彦平等：《中学生社会适应量表的编制》，《心理发展与教育》，2007年第4期，第108－114页。

二、移民社会适应研究

改革开放以来,大型水利工程建设、城镇化和环境保护使得我国近阶段产生了水利工程移民、城市移民和生态移民等众多类型的移民群体,而社会学和人类学也从 20 世纪 90 年代前后开始逐渐关注国内各类型移民群体的社会适应,开展了一系列的针对性研究。

(一)移民社会适应的界定

国内相关移民社会适应的研究更多集中在社会学界,但学者对"社会适应"这个概念的用法和解释不尽相同。有的学者(郑丹丹、雷洪,2002;苏红、许小玲,2005)在研究中使用"社会适应"一词,也有学者(风笑天,2001;李少文,2002;郝玉章,2005)使用"社会适应性"一词。在对社会适应的解释上,学者的观点也不一致:苏红等(2006)在总结了国外学者对"适应"一词的界定后,认为适应是一个过程,在此过程中移民改变现有的技能并学习新的技能以便在新环境中创造一个令他们自己满意同时也被别人认可的活动环境;郑丹丹、雷洪(2002)和苗艳梅等(2001)把社会适应界定为移民的社会化过程;而程瑜(2004)和马伟华(2011)则从人类学的角度用文化适应、文化调适来概括社会适应。总的来说,国内对移民社会适应的考察主要集中在社会学和人类学界,而且,与心理学的社会适应研究侧重点不同的是,社会学和人类学关注个体社会适应的焦点并非其心理特质或行为层面,而是涉及对移民经济、政治、文化、社会交往以及社会支持等各项内容的社会适应的总体状况考察。

(二) 移民社会适应研究的领域

在移民社会适应的研究对象层面，目前国内学界主要关注的移民群体有三种类型：三峡库区等水利工程移民、生态移民和农民工等城市移民。迄今对库区移民和农民工这两个研究对象的界定已非常清晰，而生态移民是近年来逐渐引发关注的移民群体，不同学科领域的学者对生态移民的界定也有所差异。从已有的研究看，更多的学者倾向于从目标的多重性上界定生态移民。刘学敏（2002）认为生态移民产生于保护环境和发展经济，实现生态脆弱地区人口、经济社会和资源环境协调发展目标下的人口迁移；方兵等人（2002）认为生态移民是从保护生态脆弱区的生态环境出发的，既要考虑移民的长远发展，也要考虑迁入地的生态环境保护和迁入地原住民的利益等多重目标，这一观点已经映射出此类人口迁移包含了人口扶贫的目标；其后梁福庆（2011）更为直接地指出生态移民指的是因自然环境恶劣，基本不具备人类生存条件或不具备就地扶贫条件而将当地人民整体迁出的移民；包智明（2006）则认为不论是原因还是目的，只要与生态环境直接相关的人口迁移活动及其产生的人都可称作生态移民，但他同时也认为应该明确区分为解决生态环境和贫困人口叠加问题产生的生态移民和仅限"易地扶贫"目标的扶贫移民。由上可见，虽然迄今学者对生态移民的概念表述存在些许差异，但在产生诱因上都认同其是直接源于生态环境因素，而由于我国的国情，生态环境恶劣地区基本都存在贫困问题，因此近年来我国的生态移民都是与人口发展紧密结合，是在保护生态环境和反贫困等多重目标叠加下的人口迁移而产生的特殊群体。

对应近阶段国内移民的主要类型，已有的移民社会适应研究以上述研究对象为标准总体可以划分为三大领域。一是研究三峡库区移民的社会适应状况，此类研究如雷洪等（2000）、杜建梅等（2000）、苗艳梅（2001）、宋悦华（2001）、刘成斌等（2001）、郑丹丹等（2002）、风笑天（2004）、程瑜（2004）以及唐利平（2007）等人对三峡库区移民搬迁后社会适应状况的调查研究，重点放在三峡库区移民社会适应状况的客观呈现以及状况差异性和相关问题的解释层面；二是以生态移民为对象，研究生态移民的社会适应或文化适应状况，此类研究如敏俊卿等（2008）、石德生（2008）、解彩霞（2009、2010）、鲁顺元（2009）、周甜（2010）、马伟华（2011）、张铁军（2012）、董亮等（2013）、张云帆（2014）、周霞（2014）、丁凤琴等（2015）、王丽萍等（2015）以及祁进玉（2015）等人的研究，由于目前我国生态移民多针对三江源等少数民族地区，因此这些研究均侧重探讨生态移民尤其是少数民族生态移民的文化和生计等层面的适应问题；三是针对农民工等流动人口的社会适应研究，如杨政（2005）、陆芳萍（2005）、李立文等（2006）、许传新（2007）、陈世伟（2008）、何绍辉（2008）、史斌（2010）、郭丽娜（2010）、周建荣（2011）、邹琼（2012）、陈晋文等（2012）、赵莉（2013）、秦永超（2013）以及梁昌秀（2014）等人的研究，此类研究主要是关注城市移民和农民工的社会适应、社会融合问题及其影响因素的对策研究。此外，也有零散的针对其他类型移民的研究见之于学界，如朱立（2010）对进城上大学后留城工作的"智力型移民"、"80后"农民工、国外技术移民（外籍工作者）和国外学习移民（外国留学生）四个群体调查研究后对中外移民社会适应的差异性和共同性进行比较分析，此类研究在一定程度上深化和拓展了国内移民社会适应的研究领域。

（三）移民社会适应的内容

由于研究对象和领域的不同以及研究者对社会适应理解的差异，各类移民的社会适应内容在具体研究中的操作也有所不同。

有研究者认为社会适应的内涵很丰富，可以包括很多方面的因素。如习涓（2001）等人从生活环境和生产方式两个方面进行研究，在研究中又将生活环境操作化为生活方式、居住环境、治安环境及人际环境等几个方面，将生活方式具体化为风俗习惯、生活方式和生活水平；郝玉章（2005）等人从经济适应性、生活适应性和人际关系适应性三个方面来考察社会适应的内涵；风笑天（2004）在纵向调查中将社会适应状况的因变量具体操作为日常生活、家庭经济、生产劳动、邻里关系、社区认同等适应的几个主要维度；程瑜（2003）关注了移民在语言、环境、生活方式和生产方式等方面的适应；马伟华（2011）从生产适应、生活适应、观念调适和宗教文化调适等方面研究西北回族地区吊庄移民的社会适应问题。还有的研究只关注其中的个别方面，例如杜健梅（2000）等人重点关注人际关系的适应性，叶嘉国（2000）等人主要研究了经济发展的适应性，雷洪（2000）等人从生产劳动的适应性方进行了研究，郑丹丹等（2002）从三峡移民主体角度考察其迁后社会适应过程中的主观能动性状况，苏红（2005）等人则从移民迁移后的主观感受方面对社会适应进行了研究。针对农民工等移民群体的社会适应研究则集中在个体的经济适应方面，同时也涉及个体自我的身份认同、文化融入和社会融合问题。

【本章小结】

近几年我国发生的几次特大自然灾害使政府和学界日益关注灾害移民问题，但由于对这一领域的研究尚处于起步阶段，因此相关研究仅局限在灾害人口迁移的宏观机制研究层面，对后期灾害移民社会适应问题及其对策的研究基本没有专门涉及，文献检索结果表明迄今国内仍然没有与灾害移民社会适应相关的研究成果，可以说这一研究领域在国内目前尚处于空白阶段。

从已有的国内外研究情况看，在20世纪初开始的广泛国际移民背景下，西方学界早期主要致力于移民理论的基础研究，在心理学社会适应研究体系逐渐趋向丰富和完善的同时，西方社会学和人类学界也更多地关注国际移民的文化适应问题。虽然单一的研究或许仅能够反映国际移民文化适应现象的某个层面，用文化适应来掩盖原因更加错综复杂的移民社会适应和族群冲突问题也使得无论是"同化论"还是"文化多元主义"的相关观点均在不断遭受各种批评与质疑，但是，学者在实证主义和人文主义方法论的引领下，严谨地开展实验研究（Experimental Research）、田野研究（Field Research）和调查研究（Survey Research），通过归纳和演绎来为客观描述和深入理解跨国移民社会适应这一特定社会现象做努力，由此而来的丰硕多样化研究成果也共同构筑了移民社会适应的解释体系，无论在理论、方法还是内容上都为本书奠定了比较充分的经验基础。同时，随着近年来世界各地发生的自然灾害对人类造成的危害日趋严重，国外学界逐渐开始关注因各类自然灾害引发的灾害移民问题，但有关灾害移民理论和实证研究相对还是较为缺乏，当今世界各国尤其是发展中国家日益增多的灾害移民及相关工作的开展需要必要的理论创新和针对性的理论指导。

就国内而言，学者更多的是在借鉴国外较为成熟的理论体系和分析框架基础上开展解释性研究，并侧重在实证调研获取一手资料的基础上对库区移民、生态移民和农民工等移民个体及群体的社会适应状况进行描述和问题分析。虽然尚缺乏针对性的灾害移民社会适应研究成果，但诸多学者在其研究中对社会适应的内容操作、研究设计和移民分类及特征等内容的阐述也可以为本书提供一定的参考借鉴。

第三章　我国因灾人口迁移的历史和现状

　　自古以来，中国就是一个自然灾害频发的国家，历史上因战乱、瘟疫、饥荒、洪涝等各类灾害引发了大量的人口迁移活动，可以说，中国的移民史，在一定程度上就是因灾人口迁移的历史。对我国因灾人口迁移历史的梳理，有助于我们把握传统和近阶段我国因灾人口迁移在本质上的差异性，有助于把握由不同本质的因灾人口迁移而来的灾害移民个体和群体特征，从而更有利于本书进一步开展我国现阶段的灾害移民社会适应研究，也为探讨如何采取有效措施为现阶段灾害移民的社会适应奠定稳定的外部生存发展环境做出贡献。

第一节　因灾人口迁移的界定

一、因灾人口迁移的定义

　　人口迁移是指人口在地理空间位置上，居住地从迁出地到迁入地的长期或者永久性的改变，其诱因可以归结为经济、社会、政治和环境等因素。因灾人口迁移是人口迁移的一种主要类型，是在灾害发生后或在灾害尚未发生之前主动规避灾害风险的移民活动。施国庆等（2008）认为因灾人口迁移是"因自然灾害因素胁迫而导致的人口迁移和社会经济重建活动"①，从这一表述中可以看出，研究者考虑到当前我国政治经济社会的稳定背景因而没有纳入社会灾害的情况，同时其也认为因灾人口迁移不仅是人口安置，也应涵盖与之相关的社会经济建设等活动；陈勇（2009）则认为因灾人口迁移就是指由各种灾害导致的人口被迫迁移，包括受灾型的人口迁移和避灾型的人口迁移，前者是一种补救措施，后者则是以防灾为目的，二者都是在灾害胁迫下的被迫的适应性选择；何得桂等（2014）将灾害发生后的人口迁移称为"灾害移民"，灾害发生前主动规避风险的人口迁移称为"避灾移民"，在研究中他将二者统称为"灾害型移民"。

结合当前社会发展实际和学界前期相关研究结论，本书认为因灾人口迁移存在广义和狭义两层含义。广义的因灾人口迁移是指由一切灾害爆发后（自然灾害和人为灾害）引发的人口迁移，狭义的因灾人口迁移特指因自然灾害发生后引发的人口迁移。需要注意的是，由于前述本书将"避灾移民"纳入生态移民范畴，因此本书界定的无论广义还是狭义的因灾人口迁移都属于"灾后迁移"而并非"避灾迁移"。就我国的状况而言，传统社会下的因灾人口迁移属于广义层面，而现阶段的因灾人口迁移属于狭义层面。

二、因灾人口迁移的动因

从动因上分析，因灾人口迁移的现实根源是灾害及其发生可能性的客观存在。表面上看，因灾人口迁移确实是一种被迫采取的适应灾害情况的人口迁移活动，但从发展的视角分析，其也可

---

① 施国庆等：《非自愿移民：国际经验与中国实践》，中国水利水电出版社，2005年版，第76页。

以看成是人类为应对灾害威胁而主动采取的生存和发展策略，此时的人口迁移本身也是一种追求个体和人口可持续发展的有效途径，尤其是从现阶段我国由政府主导的因灾人口迁移活动来看，其也是党和政府在以人为本理念和科学发展观的指导下为推动灾后重建而实施的理性举措。

第二节　我国因灾人口迁移的历史状况

灾荒是中国历史不可避开的一个议题，"大灾之后必有大逃亡"，中国受灾人民的历史"既是一部灾荒史，也是一部受灾人口流迁史"①；而在国内历史学界有"流民"这一术语，所谓"流民"，《辞海》解释为"因自然灾害或战乱而流亡在外的人"②，《现代汉语词典》定义为"因遭遇灾害而流亡外地，生活没有着落的人"③，从上述权威定义中可以看出，"流民"可以近似等同于"灾害移民"。综上，我国因灾人口迁移的历史，主要可以从国内历史学界针对移民、流民和灾荒等专门史的著述中梳理和发掘。

一、奴隶制时期的因灾人口迁移状况

商周时期，人口迁移主要表现为奴隶在奴隶主压迫和黑暗统治下以及下层人民在战乱发生时的一种集体逃亡现象。商朝后

---

① 陈勇等：《我国历史灾害移民及相关政策研究》，《西部发展论坛2014论文集》，第63页。
② 转引自江立华等：《中国流民史（古代卷）》，安徽人民出版社，2001年版，第2页。
③ 同上。

期，社会危机全面爆发，奴隶和下层人民纷纷逃亡，此时奴隶主之间争夺劳动人口的斗争日益激烈，收留逃亡者的现象十分普遍，对于逃亡人口的定居起到了一定的刺激作用。周朝前期，因战乱等造成的人口迁移现象相应减少，但到昭王、穆王和懿王时期，战争不断，厉王时又开始实行苛捐和高压政策，致使人们为躲避苛政和战乱大量迁徙逃亡，幽王时期的公元前858—公元前853年连续6年的大旱灾到幽王二年（公元前780年）的关中大地震，其间虽然"其他灾害鲜有记载"[①]，但旱灾和地震灾害不断，导致灾荒严重，"旻天疾威，天笃降丧。瘨我饥馑，民卒流亡。我居圉卒荒"[②] 就记录了当时灾荒连连下的人口迁徙逃亡现象。春秋时期，劳动生产率的提高使各大领主贵族占有土地和争夺人口的欲望更加强烈，他们千方百计占有土地并招诱流民，同时又使大量平民失去土地成为流民，致使人口迁移的现象十分普遍，"不少失去土地的平民和不堪忍受残酷压迫的奴隶，流亡到荒野山林，开垦土地，成为个体农民"[③]，到了战国时期，连绵不断的战争成为人口因灾迁移的主因，城市的兴起和城市人口的迅速增长，也反映出此类移民的大量存在。

二、封建时期的因灾人口迁移状况

王朝更迭、战乱不休的情况贯穿于我国封建社会的2000多年历史，据统计，自秦始皇称帝之年（公元前221年）到1920年的2140年间，我国内乱160次，共历时896年，平均每3年

---

① 孟昭华编著：《中国灾荒史记》，中国社会出版社，1999年版，第69页。
② 《诗·大雅·召旻》，转引自江立华等：《中国流民史（古代卷）》，安徽人民出版社，2001年版，第7页。
③ 江立华等著：《中国流民史（古代卷）》，安徽人民出版社，2001年版，第2页。

即有一年多处于内乱之中。① 由此，史料记载的较大规模的人口迁移中很大一部分是基于人们躲避战乱及其诱发的灾荒情况下发生的。

秦朝时期，繁重的劳役和兵役以及严刑酷法使很多平民难以忍受，他们为了求生，不顾法禁，大量逃亡。西汉武帝时期，由于对匈奴的战争产生大量的移民，"关东流民二百万口，无名数四十万"②。东汉从王莽时期的社会大动荡开始，大规模的战争持续了10余年，战乱波及黄河、长江流域的广大地区，造成了又一次流民大潮，"枯旱霜蝗，饥馑荐臻，百姓困乏，流离道路，于春尤甚"③。西晋时期，在战争和饥荒等灾害打击下，"中原民户近者流至梁、益、荆、扬、豫等州，远者流至宁州、交州，据统计，当时见于记载的流亡户数约30万户"④。五代十国时期，政权更迭频繁，战争连绵不断，为逃避战祸和灾荒等，很多人背井离乡，为逃避战祸的移民现象更是频繁发生。南宋时期，大小战事不断，每次金国南侵和南宋北伐都会导致一大批人南迁，在南宋与蒙古军联合灭金后，蒙古军开始攻打南宋，迫使北方人民大量南逃，其间，史料记载显示自然灾害和饥荒也造成大量人口迁移。而到了元朝，统治者不重视农田水利，兼以年年破坏，各地经常发生严重的水旱灾荒，造成大批流民，如1329年的灾荒，南北各地饥民不下六七百万，仅江南及黄河中下游即各有60余万户，陕西有120余万人，顺帝即位后，水旱之灾更加频繁，史

---

① 邓云特：《中国救荒史》，上海书店1984年版，转引自任新民《试论中国古代的流民问题》，南京社会科学，1991年第3期，第80页。
② 《汉书》卷46，（石庆传），转引自江立华等：《中国流民史（古代卷）》. 安徽人民出版社，2001年版，第19页。
③ 《汉书》卷99，（王莽传），转引自江立华等：《中国流民史（古代卷）》，安徽人民出版社，2001年版，第21页。
④ 江立华等：《中国流民史（古代卷）》，安徽人民出版社，2001年版，第27—28页。

料记载的灾荒就有20余条，因灾人口迁移现象更是逐年加剧。明初通过对土地占有关系的调整，农民的处境比元末有了改善，但一遇自然灾害，仍是颠沛流离。林金树（1994）根据《明实录》中关于洪武二十四年（1391年）到正统十二年（1447年）的22次流民记载统计，山西、山东、北直隶、河南、湖广、陕西等处，逃亡民众共计898673户，如按每户5口估算，总数为4493365人。清朝时期除了一些因自然灾害的自发性人口迁移外，也出现了一次典型的以官府为主导的为适应战争需要的人口迁移活动。为了断绝沿海人民与郑成功和其他反清力量的联系，清统治者1661年颁布了"禁海""迁县移民"的命令，强迫山东、江苏、浙江、福建、广东、河北等6省沿海及各岛屿的居民迁移，在沿海一带形成一个无人区。

三、民国时期的因灾人口迁移状况

民国时期我国因灾人口迁移现象十分普遍，一是由于自然灾害，二是由战乱等因素引发。据统计①，自1912年民国建立至抗日战争爆发的1937年的26年间，我国共计发生自然灾害77次，每年都有区域性重特大自然灾害发生。典型如1920年晋、冀、鲁、豫和陕西五省大旱灾民2000万，死亡50万；1921年苏皖等七省水灾灾民981万人；1922年苏浙皖三省水灾灾民1200万人；1927年全国21省水旱灾害导致灾民7000万；1936年苏北瘟疫灾民2000余万；1937年四川虫灾灾民2000万。而1912年到1949年间的战乱也几乎从未间断，自然灾害与战乱交互影响，使人们长期生活在水深火热之中，一些地区的人们为躲

---

① 根据"孟昭华：《中国灾荒史记》，中国社会出版社，1999年版"所述数据二次分析得出。

避战乱和自然灾害之苦，自发进行人口迁移。根据南京大学经济学系对民国时期人口流动的调查分析，其样本中超过 1/4 的比例是因灾人口迁移；而按照山东省志的记载，民国时期山东每年均有不同程度的灾害发生，多发和严重的自然灾害也使山东成为当时国内主要的人口流出地，延续至民国时期的"闯关东"现象中，绝大多数也是山东人。

四、我国传统社会因灾人口迁移的特点

从对传统社会下人口迁移历史的考察分析可以发现，我国历史上出现的最为典型和规模最大的人口迁移基本都是由战乱和自然灾害等多重因素叠加引发的。总的来说，我国传统社会中因灾人口迁移的动因主要分为自然灾害诱发和人为灾害诱发，同时兼有"天灾人祸"的特点，具体到因灾人口迁移的特征：

首先，传统社会的因灾人口迁移是自然因素和人为因素综合作用促发的。诚然，传统社会中，自然灾害频发是导致人口迁移的一个主要因素，相关历史资料的统计[①]显示：西周东周的 867 年间，较大自然灾害有 89 次；秦汉两代历时 440 年，较大的自然灾害有 375 次；三国两晋历时约 200 年，较大的自然灾害有 306 次；南北朝在 169 年中，较大的自然灾害有 315 次；隋唐在 318 年中，较大的自然灾害有 515 次；五代十国的 54 年间，较大的自然灾害有 51 次；北宋南宋的 487 年中，较大的自然灾害有 874 次；元 100 余年中，较大的自然灾害有 533 次；明 276 年中，较大的自然灾害有 1011 次；清 296 年中，较大的自然灾害有 1121 次。在传统社会生产力水平以及阶级压迫的状况制约下，

---

① 根据"孟昭华：《中国灾荒史记》，中国社会出版社，1999 年版"所述数据二次分析得出。

人们抵御自然灾害的能力相对较小，一旦发生较大的自然灾害，迁移是获得生存的最好途径。但综观我国历代发生的严重自然灾害，固然源于自然因素，但若深入分析其最终促发人口迁移的如灾荒、瘟疫等生成原因，也有很大程度上源于战争以及阶级和民族压迫等人为因素，甚至历史上出现的多次水患都是由于战争（掘堤）直接导致，"水患决非天灾，乃由于治水未努力"[①]。其一语道破了传统社会下内涵于"天灾"中的"人为性"。

其次，传统社会的因灾人口迁移一般是人们自发躲避灾害，寻求生存机会的迁移行为，自发性是这类迁移行为的主要特征。传统社会中，奴隶主和封建统治者阶层为了尽可能地榨取劳动人民的剩余价值，对劳动力资源往往比较重视，历朝历代也或多或少地实行过禁止自发人口迁移的政策，但多由于统治的黑暗和吏治的腐败等原因，在灾害发生后的官方赈灾通常并不得力，官方主导的因灾人口迁移活动也并不多见。此时，为了躲避灾害，求得生存，受灾民众只能自发地离开生活环境无力恢复的原住地，向其他地区迁徙。

再者，传统社会中人口迁移流向具有多样性。一是流向富庶稳定的地区，如西汉末年到南宋末年的1200多年，战乱迫使北方民众不断地在向新开发不久、相对稳定和生存环境较好的南方迁移。其中，西晋永嘉之乱、唐朝安史之乱和北宋靖康之乱先后引发的三次流民南迁浪潮规模和影响最大。二是流向深山、蛮荒等远离主流统治的地区，这些地区远离政治中心区，土地也尚未开垦，很多为逃避阶级和民族压迫的移民会选择这类区域移居。三是流向地广人稀之地，这一类型主要是在官府鼓励下的人口迁移，典型如明末清初的"湖广填四川"和清末的"闯关东"移民潮。

---

① 吴德华：《试论民国时期的灾荒》，《武汉大学学报（社会科学版）》，1992年第3期，第118页。

最后，因灾人口迁移过程中移民个体的生存发展具有很强的不确定性。我国传统时期的因灾人口迁移大都是人们为躲避战乱和自然灾害而自发进行的，其本身就具有一定的盲目性，加之当时社会环境条件等制约，即使迁移，移民也并不一定就能获得相对较好的生存和发展条件，移民的未来充满着不可预期性，很多人在迁移中死亡，也有很多人频繁迁移，持续处于逃亡和流徙状态之中而不能定居，更不用说"安居乐业"，这可能也是史学界惯用"流民"而非"灾害移民"来表述我国传统时期的因灾人口迁移个体的原因之一。

第三节　我国现阶段因灾人口迁移的类型和特征

我国现阶段的大规模的因灾人口迁移在1998年长江流域特大洪涝灾害后就开始实施，但自2008年"5·12"汶川地震后才被社会各界广泛关注。8.0级地震及其后发生的多起重大次生灾害，使得特定区域的人类生存环境遭到毁灭性破坏，相关区域的灾后人口迁移也成为人们重建家园的不二选择，北川、汶川、青川等极重灾区的因灾人口迁移工作也在灾害发生后便持续开展。2009年后，全国陆续爆发多起自然灾害，给人民的生命财产安全带来重大打击，长江、黄河和淮河流域及四川、云南、甘肃、贵州等省份的因灾人口迁移也在陆续或行将展开。

一、我国现阶段的因灾人口迁移的类型划分

因灾人口迁移的类型直接影响移民的特征，对其进行细致的划分有助于我们进一步厘清我国现阶段灾害移民的主要特征。具

体而言,可以依据灾害成因分类法、灾害阶段分类法、主导因素分类法和移民主观意愿分类法等对因灾人口迁移类型进行划分。

一是按灾害的成因可以划分为因自然灾害的人口迁移、因社会灾害的人口迁移。前者包括主要因地震、泥石流、风灾、雪灾、水灾等自然气候和地质灾害引发的人口迁移,后者包括主要因人为因素如战争、饥荒、瘟疫等引发的人口迁移。改革开放以后,随着社会经济的不断发展,我国的社会灾害鲜有发生,因灾人口迁移大体上是由自然灾害引发的。

二是按灾害发生阶段分类可以分为灾害发生前和发生后的人口迁移。前者是针对自然环境恶劣、灾害发生风险较大的区域采取的避灾移民;后者是灾害发生后原地区生活生产设施已被毁灭殆尽或者经研究分析得出原住地仍将存在较大的灾害发生可能性,为避免再次的灾害打击和有效推进灾后重建由此进行的人口迁移,北川和舟曲县城以及汶川等乡镇的人口迁移就是此类因灾人口迁移最典型的例子。目前已有的国内学界对灾害移民的研究文献也主要是关注灾后的人口迁移。

三是根据人口迁移的主导力量可以分为政府主导的因灾人口迁移和居民自发的人口迁移。前者是指政府主导的有计划、有组织的人口整体搬迁活动,后者是受灾群众自发进行的一般带有局部性质的人口迁移活动。中国历史上大部分因战争、饥荒、瘟疫以及洪涝灾害等进行的人口迁移就是由于灾民因灾害造成生产、生活困难而不得不离开原居住地到外地谋生的一种迁移活动,属于自发的因灾人口迁移;而近阶段国内爆发数次重特大自然灾害后,依靠受灾群众个体的力量是无法完成当地灾后人口、经济和社会重建任务的,为推动灾后重建和人口发展的因灾人口迁移工程基本是由政府主导。

四是根据移民的主观意愿划分可以分为自愿和非自愿的因灾人口迁移。前者属于非强制性的人口迁移,迁移决策由个体意愿决定；而后者属于强制性的人口迁移，个体意愿不起决定性作用。学者的分析认为，近阶段政府主导的人口迁移更多的带有强制色彩，"从汶川地震的灾害移民实践来看，受灾区的生态移民多为非自愿灾害移民，而周边影响区的灾害移民多为自愿灾害移民"[①]。实际上，在以人为本的前提下，从受灾区域的实际情况出发，更为灵活和多样的灾后移民安置政策也被政府具体实施操作，如汶川地震后实施的"临时异地安置—后期原址重建""异地安置、异地重建""整体搬迁"等人口迁移政策组合，因灾人口迁移工作也以自愿性和非自愿性结合的方针差异化实施。

总体来说，就国内相关现状分析，本书认为，不同于传统社会，现阶段我国的因灾人口迁移具体是指在自然灾害爆发后，由政府主导的、有计划和有组织进行的、涵盖强制性和非强制性的人口迁移活动，因灾人口迁移在特征上也显著区别于传统时期。

二、我国现阶段因灾人口迁移的特征

本书通过上述的分析总结认为，我国现阶段因灾人口迁移在总体上具备了自然灾害诱发性、事后补救性、政府主导下的多方参与性和自愿非自愿交织性四个鲜明特征。

首先，新中国成立后尤其是改革开放以来，在稳定繁荣的经济、社会和政治发展格局下，社会灾害已远离人们的生活，而频发的自然灾害却日益成为制约国民经济社会健康可持续发展的一大因素，也严重影响到区域人口的健康和可持续发展。在此背景下，我国近年来的几次因灾人口迁移也都是党和政府基于自然灾害对区域人口和经济社会发展造成严重破坏的实情下，为进一步

---

① 施国庆等：《灾害移民的特征、分类及若干问题》，《河海大学学报（哲学社会科学版）》，2009年第11卷第1期，第20—24页。

保障人民群众生命财产安全和促进灾后恢复重建而做出的现实选择，可以说，目前国内学界的灾害移民研究所针对的也都是基于自然灾害因素诱发的人口迁移。

其次，目前引发广泛关注的国内数次因灾人口迁移活动均是在自然灾害发生后进行的，如汶川地震中的北川和汶川移民、舟曲泥石流灾害后的人口整体搬迁，事后补救性是这类人口迁移的显著特征。值得注意的是，近年来我国产生的一些生态移民活动也有基于对某些区域自然环境恶劣、灾害风险会影响区域人口和经济社会发展等因素层面的考虑，细分可以属于"避灾移民"范畴，从事后补救性的"灾后移民"向预防性的"避灾移民"转变，也是学者探讨的焦点之一，"避灾移民"很可能成为我国未来因灾人口迁移的一个趋势。

再者，政府主导下的广泛社会参与也是近期引发广泛关注的国内数次因灾人口迁移的主要特征。在此过程中，人口迁移工作的计划、部署、组织和协调到最后的移民妥善安置都是由政府主导，同时，在志愿服务兴起的今天，广泛的社会参与也逐渐成为国内因灾人口迁移过程中的趋势，非营利组织、民间团体和志愿者正逐渐构成主要的补充力量持续发挥其应有的作用。学界对此领域的研究也主要集中在法律保障、政策配套、组织协调以及动员社会广泛参与的相关对策探讨。

最后，当前我国因灾人口迁移并不能单纯以强制性或非强制性、自愿移民和非自愿移民的绝对标准来划分，迁移政策的相对性和移民个体迁移意愿的差异性决定了当前国内因灾人口迁移的自愿性和非自愿性交织的一大特征。一方面，从人口迁移的主导力量层面分析，政府主导的因灾人口迁移一般带有强制性色彩，政府基于宏观局势所做出的强制性安排并不由移民个体的主观意愿主导，但是在具体移民工作实施的过程中，政府又可根据受灾区域的实际情况采取不同的措施，如某些轻灾区的"迁"和

"留"的选择主要尊重受灾群众个体的主观意愿，该类地区出现的移民就是带有自愿性质的自发迁居。相关研究也表明，政府主导的人口迁移既可以包括政府协助和资助下的移民自发迁居，同时也会存在政府进行强制性安置的情况。另一方面，即使是在政府强制性的人口整体迁移背景下，移民个体迁移意愿也会存在显著的差异，基于不同影响因素的制约状况，有的移民个体可能是非自愿的迁居，而有的移民个体则是自愿的迁居。

【本章小结】

综合前述对我国因灾人口迁移历史和现状的描述和分析，本书认为，我国传统社会的因灾人口迁移和近阶段的因灾人口迁移无论在外在表现还是内涵本质层面都发生了实质性的变化。一方面，传统时期的因灾人口迁移有很大一部分是由战乱以及生产力低下而产生的灾荒等社会灾害引发的，是人们为了生存自发进行的，缺乏有效的组织和外部保障，而现阶段的因灾人口迁移则是由自然灾害引发的，由政府主导的有计划、有组织和提供强有力的外部保障的系统工程；另一方面，传统社会中我国因灾人口迁移是移民自发的被动选择，虽然其也折射出古代人民朴素的生存发展智慧，但由于缺乏稳定的外部环境和相关保障措施，移民的后期生活普遍存在巨大的不确定性，常常导致迁移并不能"安居"，而现阶段，在以人为本和科学发展观的指导下，在政治建设、经济建设、文化建设、社会建设和生态文明建设同步深化的背景下，由党和政府主导和领导的因灾人口迁移工程，是基于综合考量下对推动区域人口、经济社会和资源环境可持续发展合理路径的主动选择，良好外部环境的打造和坚实保障措施的逐步完善会使灾害移民后期的社会适应更容易，为推动个体的可持续发展奠定充分的社会环境基础。

第四章 灾害移民社会适应的理论分析

灾害移民的社会适应相对缺乏直接的研究文献提供借鉴参考，但社会科学成熟的方法论和研究方法体系，社会学、人类学和心理学等学科的浩瀚思想和理论观点以及各类移民的社会适应针对性研究成果都可以为本书开展规范严谨的科学研究，在灾害移民社会适应的研究方法选取和研究设计、灾害移民社会适应的本质和功能以及灾害移民社会适应的内容和影响因素方面一一提供学理支撑和经验借鉴，从而为灾害移民的社会适应奠定充分的理论基础，最终构建本次灾害移民社会适应研究的理论分析架构。

第一节 灾害移民社会适应研究的方法论基础

一、社会科学研究中的两类方法论

社会科学发展至今，已经形成了一个成熟的方法体系，其包括方法论、研究方式和具体方法及技术。其中，方法论（Methodology）是"一系列关于方法的理论和学说"[①]，处于研

[①] 王蔚：《社会科学研究方法论研究评述》，《求索》，2006年第3期，第65页。

究方法体系的最高层次，用于规范具体学科的原理、原则和方法，涉及研究的本体论和认识论等哲学基础并直接决定了社会研究的视角、立场和基本假设。按照韦伯（M. Webber）的观点，社会科学的方法论首先就是"刻画了社会科学在对象、工具和方法诸方面区别于自然科学的独特性质。其余的学说都是以此为基础展开的"。[1]

在社会学领域中，社会研究沿袭着两大类基本的且相互对立的方法论倾向——实证主义和非实证主义。前者包括经典实证主义、工具实证主义和后实证主义，其认为事实是可以被具体观察和还原的；后者则包括人文主义、批判主义、建构主义和后现代主义等方法论，其认为没有真实的外在世界，只有人的主观体验才是真实的。在此需要说明的是，如前述导论中的研究方法部分所言，本书与国内以往的移民社会适应研究大部分采用的研究方式一致，以调查研究展开，通过问卷和访谈所获取的数据和资料也被视为可以具体观察到的事实，因此本书在本部分仅对调查研究的主要方法论基础——实证主义，进行必要的说明和阐述。

二、实证主义方法论

实证主义虽然经历了经典实证主义、工具实证主义和后实证主义三个发展阶段，但其具体的哲学基础并没有发生大的改变，均是基于二元论和客观主义的认识论（或者说实证主义本身就是认识论的一支或一种表现[2]），强调人类生活所经历的"外在世界"是独立于主观体验的客观实在且社会现象与自然现象一样具

---

[1] 韦伯：《社会科学方法论》，韩水法等译，中央编译出版社，2005年版，第1页。此处为译者对作者观点的理解推敲。

[2] 具体参见埃尔·巴比所著《社会研究方法》一书相关章节。

有普遍的规律性，因此主张社会研究应该采用与自然科学研究类似的方法，通过具体和客观的观察来反映现实。在实证主义者看来，社会现象的论证必须要具备逻辑和实证两方面的支撑，必须符合人们对世界的观察才能够将其视为客观存在的现实。而社会研究也可以相应采取两条路线：一是在现有的理论（体系）基础上提出假设，进而通过观察到的事实检验假设，即以理论指导观察；二是从具体观察开始，通过经验概括和归纳推理得出理论，再通过理论对观察进行说明和解释，即用观察构建理论。美国社会学家华莱士（W. L. Wallance，1971）则将上述社会研究的科学逻辑以"科学环"（图4—1）[①]的形式形象概括。

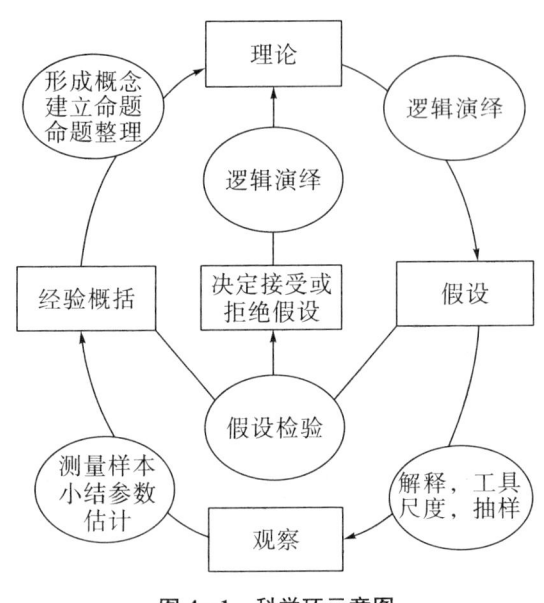

图4—1　科学环示意图

[①] 风笑天：《社会学研究方法》（第二版），中国人民大学出版社，2005年版，第33页。

第四章 灾害移民社会适应的理论分析

在具体的研究过程中，本书正是以实证主义方法论为指导开展调查研究，并通过文献分析的方式构建研究的理论基础体系和分析框架，在理论基础的铺垫和引导下建立假设，进而通过问卷和访谈的形式收集数据和资料，采用统计分析和逻辑推理的手段，结合定量分析和定性分析方式进行特定现象间的相关关系和因果关系分析，最终验证假设并得出相关研究结论。

需要说明的是，在价值中立①原则指导下，本书在研究之初并非带有主观臆断切入研究主题，关注的灾害移民社会适应"问题"（Question）并非狭义的"问题"（Problem），期望对灾害移民当前社会适应的具体状况、特征和影响因素进行描述和解答，在实证依据的前提下呈现问题（Problem）。

第二节 灾害移民社会适应研究的理论基础

一、社会化理论

社会化理论是社会学关于"人"何以为"人"的一个重要的基础理论。在概念界定上，社会学界对社会化的定义基本统一，即是指人通过学习生活技能、规范，获得个性，从生物人成长为社会人的过程，或者说是"个体与社会相互契合、适应的过程"②。

---

① 按韦伯的观点，价值中立包含了价值关联和价值判断，价值关联如研究者在研究前可以根据自己的兴趣爱好选择研究主题，价值判断则是在研究过程中做出主观判断而非事实判断，科学研究的价值中立原则中带有价值关联是正常的，但对研究结论则应该做出事实判断而非价值判断。具体论述可参见：顾忠华：《韦伯学说》，广西师范大学出版社，2004年版。

② 郑丹丹等：《三峡移民社会适应性中的主观能动性》，华中科技大学学报，2002年第3期，第51页。

（一）社会化的功能

"社会化是将个人和社会联系起来的必要环节。"[①] 一方面，社会化使个人得以了解社会生活中不可缺少的思考和行为模式，使其顺利融入社会生活；另一方面，社会化又是社会将新的个体不断教化为合格社会成员的主要途径，应对新老交替，从而使社会能够在生物学意义上不断繁衍下去。实际上，社会化可以有效地解释社会生活的两个基本方面：①人是如何得以正常进行社会生活并成为一名合格的社会成员；②社会是如何引导社会成员参与社会运转并保持正常社会秩序。

（二）社会化的条件和内容

社会化是人类社会特有的现象，这和人类具备特有的基础条件是紧密相关的，总体而言，社会化之所以得以进行：一是人类具有较长的生活依赖期，而下一代正是在生活依赖期通过大量的亲子互动习得基本的社会生活技能和规范，文化延续也得以同时展开。二是人有较高的思维和学习能力，从而使知识的获取具备了基本的个体条件。三是人有语言的能力，正是由于人类具有语言这一最便捷的沟通工具，才使社会化过程得以有效和迅速开展。在上述条件具备的情况下，社会化使人们可以学习基本的社会生活技能和社会规范，内化社会倡导的价值观念，正常顺利地融入社会生活中，并最终通过内外部的共同作用使个人培养出符合社会要求的各种社会角色，成为一名合格的社会成员。

（三）社会化的因素和类型

人的社会化是在各种社会因素相互作用的过程中，通过不同

---

① 风笑天：《社会学导论》，华中科技大学出版社，1997年版，第73页。

的社会化阶段完成的,并且具备一定的特征。在现代社会中,社会化的因素一般包括家庭、同辈群体、学校、社区、工作单位、大众传播媒介等,人们在不同的社会化阶段学习社会生活技能和规范都是通过这些因素达成。同时,社会化不仅是人从婴儿期到青少年期学习基本生活技能和规范从而适应社会的过程,而且贯穿人的一生,终生性是社会化的显著特征,不仅是儿童,成年人也需要不断地进行社会化,根据社会发展和自身面临的实际环境不断地进行社会适应和再适应,才能始终保持合格社会成员的身份。因此,社会化的类型可以包括基本社会化、继续社会化和再社会化三种。基本社会化是一个人在婴儿期到青年初期进行的社会化,通过基本社会化,人实现了初步走向社会所需的生活技能和规范;在基本社会化基础之上,人到了成年后就要经历继续社会化过程,必须根据环境的改变不断地学习和掌握新的知识、技能和社会规范以适应和再适应社会,为自己的发展奠定社会化基础,因此继续社会化也叫作发展社会化;再社会化则是一个特殊的社会化过程,其是个人通过原有的社会化所建立起来的价值标准和行为规范不适合社会现实需要,从而要求个体经历重新建立符合社会要求的价值标准和行为规范的过程,犯罪分子"改过自新"的过程就是个体再社会化的典型例子,而当个体面临社会环境变动时,也可能进行再社会化以适应环境。

结合前述对社会适应的分析,本书认为,社会化和社会适应都是个体适应社会环境,谋求生存和发展的过程。社会适应主要从"接受社会化的个体角度而言,强调个体在社会生活中对周围的环境和社会化的过程的接受程度"[①]。有效地化可以使个体增强自身的社会适应能力,而"良好的社会适应可以为社会化奠定

---

① 朱立:《论农民工阶层的社会适应》,《江海学刊》,2002年第6期,第83页。

坚实的人格和心理基础"[1],二者互为手段和目的。而一些社会学研究者在研究三峡库区移民的社会适应时就已指出,在实质上移民的社会适应就是其社会化的过程。同样,灾害移民面临的生活环境也已发生了重大变化,其社会适应也可以反映为其的社会化:一方面,灾害移民在对新环境的适应过程中,原有的生活知识和技能已经不足以支撑他们去很好地社会适应,必须通过不断学习和扩充自己的生活知识和技巧,灾害移民的社会适应在此实质上是个体继续社会化的过程;另一方面,灾害移民在旧有的社会环境中适应性构建出的生活知识和技巧体系已经不适应新的生活环境(如乡村的生活经验和习惯对现代城市生活的不适用),此时他们要想更加主动和有效地适应,就必须推翻原有的生活知识和技能体系,重新学习和培养适应新环境的生活知识和技能体系,此时灾害移民的社会适应实质上就是再社会化的过程,或者说社会化就是"人对社会的适应、改造和再适应、再改造的复杂过程"[2]。

综上所述,本书认为,社会化就是个体为了谋求更好的生存和发展机会,不断地进行社会适应的过程。在功能上,社会化与社会适应别无二致,即二者都能够将个人和社会有效连接起来,并保障个人和社会的不断延续和发展;在内容上,二者均包含了满足个体社会生存和发展必需的生活技能的学习和社会规范的掌握等;就行为层面,二者也均要针对特定的经济、政治、文化和社会环境系统采取针对性的适应行为;在类型上,二者也均包含积极的应对和消极的接受两种取向,积极的应对是指个体主动采取应对策略以适应新的环境,即行动者在实践中积累"相互的知

---

[1] 杨彦平著:《社会适应心理学》,上海社会科学院出版社,2010年版,第18页。
[2] 朱力:《论农民工阶层的社会适应》,《江海学刊》,2002年第6期,第83页。

识""在结构的制约下不断建构制约他的结构"①，以确保其适应环境的成效并获取更好的发展机会，而消极的应对则是指个体基于最低的生存需要而被动地接受现实，不采取任何有效的积极应对行为。

二、结构功能主义

结构功能主义是在第二次世界大战后崛起的唯一一个曾占据过统治地位的社会学流派，其强调系统范畴，将社会结构和社会整体作为分析单位，致力于回答一个最基本的问题：社会系统为了维持其存在，有哪些基本条件必须得到满足及其是如何得到满足的？在解释社会现象时，结构功能主义强调系统（整体）的既存结构（部分）及其在维持系统生存中发挥的作用，而"功能"就是部分对整体存在起到的作用。

（一）早期的功能主义思想

结构功能主义发端于孔德（A. Comte）和斯宾塞（H. Spencer）。在孔德最早对家庭、阶级、种族、社区和城市等社会结构进行简要的有机体类比后，斯宾塞发展了这一思想，其在对有机体和社会之间的相似点进行比较分析时提出"必要条件功能主义"的观点，即为了使自己适应环境，有机体和超有机体必须具备某些必要条件，由此他引入了"功能需求"的概念，用结构的功能来体现结构的存在。其后，涂尔干（E. Durkheim）进一步发展了孔德和斯宾塞的功能思想，他在强调社会的整体性基础上认为社会整体层次的需求必须通过其各个组成部分的相互

---

① 郑丹丹等：《三峡移民社会适应性中的主观能动性》，《华中科技大学学报》，2002年第3期，第51页。

作用来满足，同时，为了避免社会出现病态，就必须满足社会系统的需要，满足这些需要就是系统中结构（部分）的功能，因此在"社会事实"的解释中，涂尔干强调至少要说明这些社会事实对社会整体的功能。

（二）人类学对功能主义的发展

涂尔干的功能分析思想影响着一代又一代的社会学家和人类学家。拉德克利夫－布朗（A. R. Radcliffe-Brown）与涂尔干一样强调社会的整体性质，假设社会系统最基本的功能需要就是社会整合，并认为功能分析不能脱离结构分析，将功能定义为"文化活动在整个社会生活中所起的作用及其对维持社会结构的连续性所做的贡献"[①]（贾春增，1990）。同时，拉德克利夫－布朗看到了涂尔干功能主义最严重的问题就是将事物的后果当成事物产生的原因这一目的论倾向，因此他将涂尔干"系统的组成部分满足系统的需要"中的"需要"一词用"存在的必要条件"替换，并从假设"社会存在的必要条件之一就是使其组成部分实现最低限度的整合"[②]开始进行功能分析。当然，拉德克利夫－布朗的功能主义无法帮助学者进一步研究复杂的社会，这一功能分析方法无法解释那些对社会整合不能产生积极作用的系统组成部分，马林洛夫斯基（B. Malinowski）的功能主义则消除了这一限制，他引入"系统层次"的概念，认为每一个系统层次层面，系统的需求复杂多样，而且任一层次上都存在着四种普遍的功能需

[①] 贾春增：《外国社会学史（修订本）》，中国人民大学出版社，2000年版，第215－246页。

[②] 涂尔干一直重视避免陷入目的论的误区，因此他始终强调将原因和功能进行区分，但由于其更重视整体分析，坚持承认系统的部分对社会整体的功能，因此在他的具体论著中并，原因和功能并没有像他所想的那样被明确分开。相关论述详见特纳所著的《社会学理论的结构》等著作。

要——经济适应、政治权威、教育社会化和社会控制。这一功能分析框架影响了后来的结构功能主义者，可以说，马林洛夫斯基的功能分析思想已经刻画出现代结构功能主义的基本轮廓。

（三）结构功能分析和经验功能论

作为结构功能主义的集大成者，帕森斯（T. Parsons）认为结构的功能在于满足系统的必要条件，功能就是部分对整体做出的有益贡献。他将行动系统概念化为四个生存问题，发展出"AGIL"（适应、目标达成、整合、潜在的模式维持）这一经典的功能分析范式。其认为，任何层次的行动系统要想获得生存必须满足上述四个普遍的功能要求，对行动系统进行功能分析，也就是要集中考察这四个功能需求是如何得到满足的。例如，最一般的行动系统通过四个子系统来满足其功能需求，分别为行为有机体（提供适应——A 功能）、人格系统（提供目标达成——G 功能）、社会系统（提供整合——I 功能）和文化系统（提供潜在的模式维持——L 功能）。在帕森斯之前，默顿（R. K. Merton）就针对早期功能主义的批判而发展出经验主义功能分析范式，默顿强调经验功能分析的重要性，将功能定义为某个社会现象在其社会系统中可观察到的客观结果，并就传统功能主义的功能一致性假设、功能普遍性假设和功能不可或缺性假设进行了批判修正，提出"正功能"和"负功能"、"显功能"和"潜功能"等概念。

总的来说，结构功能主义发展出的功能分析方法在当时为学者考察社会现象提供了新颖的观察角度，发展出一种全新的分析方法。对于本文的研究主旨而言，如果说社会化理论在目的、内容等层面可以反映灾害移民社会适应本质的话，结构功能主义理论则可以从其特有的功能分析视角折射出灾害移民社会适应对于个体、群体以及区域经济社会发展系统的重要意义。

三、生态系统论

生态系统论是社会工作的重要理论基础,可以追溯到斯宾塞的社会进化论以及芝加哥学派的人类生态学等观点。20 世纪初,玛丽·芮奇蒙(M. Richmond)和简·亚当斯(L. J. Addams)成为生态系统理论的先导,其后,杰曼和吉特曼(Germain & Gitterman, 1980)整合了冯·贝朗塔菲(L. Von Bertalanffy, 1971)的一般系统论和生态理论的观点提出了"生命模式"[①],构成了生态系统论的主要理论架构,生态系统论也成为美国社会工作中最主要的实务模型。

(一)生态系统论的主要理论倾向

生态系统论契合了"人在环境中"的观点,将人类生存和发展的社会环境看成一个生态系统,并强调生态环境对于分析和理解人类行为的重要性。在生态系统理论视角下,人类被看作通过与环境的各种因素的相互作用来发展和适应,同时,人并不是被动地对他们的环境做出反应,而是主动与这些环境相互作用。在生态系统论视角下,个人的问题并不能单纯的归结为个人原因,而是来源于生态系统,因此我们分析和解决问题也必须将其放置于动态的系统中考察。

(二)生态系统的构成

生态系统论强调了人类行为与社会环境的有机统一性,将个体生活的生态系统具体设定为:

---

① 派恩著,冯亚丽等译:《现代社会工作理论(第三版)》,中国人民大学出版社,2008 年版,第 151—154 页。

微观系统（Macro System）：这个系统是指个人在日常生活场域中的角色扮演和人际互动关系形态，其包括个人直接的、面对面接触的人或事物及其互动关系的组合。

中观系统（Mezzo System）：这个系统是指对个人有影响的小群体，包括家庭等一些社会群体。中观系统分为两个层次：一是中间系统（Meso System），即两个以上的对个人有直接影响的中观系统发生关联，如对儿童来说，其家庭和学校；二是外部系统（Exo System），这是中观系统的一种延伸，它是不一定能直接影响个人的两个以上外在系统的关联，可以影响对个人产生直接影响的系统，如对儿童来说，父母的单位。上述系统的关联构成一个在个体所处微观系统之外的中观系统。

宏观系统（Macro System）：这一系统是指比家庭等中观系统更大的群体和系统，如经济、政治、社会、文化系统以及教育和法律等体系。它制约着个体的思考和行为模式空间，同时也影响微观系统和中观系统。所以很多微观系统和中观系统层次的行为都需要干预其所在的宏观环境。

生态系统论的关键在于将个人放在一个系统中，把个人和其所处的社会环境作为一个整体来看待，通过改变系统来化解个人在生存发展中所面临的困境。这就在一定程度上消解了心理动力学理论在看待个人问题上"社会性不足"的缺陷，在"社会学想象力"[①]日益被人们重视的今天，其无疑可以为我们提供一种分析灾害移民社会适应问题及其影响因素的合理视角，为本书的灾害移民社会适应系统构成设定以及后续的调查设计和影响因素分析提供必要的理论支撑。

---

① 米尔斯著，陈强等译：《社会学的想象力》，生活·读书·新知三联书店，2001年版，第3—17页。

第三节 灾害移民社会适应的系统构成

在思路上，对个体社会适应的考察一般有两种不同的路线。一种是通过对个体行为表现的持续观察，经验概括个体心理调适和行为转变的过程和机制，这一方法常常为心理学所预期采用，但受各种主客观条件的制约，国内迄今并没有出现相关深入的研究实践，更多的社会学和人类学研究者在考察移民社会适应时都倾向于采用第二种研究路线，即通过开展调查研究或田野研究，以问卷、访谈和观察等方法收集一手资料，进行深入的定性或定量分析来客观呈现移民在多维度下的社会适应状况，进而在客观证据或主观理解的基础上总结问题并阐释原因，最终给出对策建议。又由于不同类型移民的自身特征差异，研究者在具体的研究实践中也会针对性地提出不同的社会适应的结构内容。

本书认为，灾害移民社会适应的理论分析框架是开展移民社会适应实证研究的基础，虽然这一经验预设并不一定与具体的实证资料分析结果相同，但在经验阐释基础上的理论框架设定却能够为其后的实证研究提供一个合理的范围设定和明晰的思路参照，这是社会科学研究中必不可少的一个规范步骤，实证研究也需要在合理和充分的经验预设基础上才能有效开展。

一、灾害移民社会适应的内部系统构成

迄今为止，国内外学界对个体社会适应的逻辑结构区分仍然存在着较大的争议，心理学侧重对社会适应中心理和人格适应等内容的认定，而人类学强调的是文化适应范畴，国内社会学界则基于更广阔的社会视角将社会适应的结构内容细分为经济、政

治、社会以及文化等的适应抑或是生产、生活、文化以及人际关系等的适应,但针对不同的移民群体也会相应考察其在不同侧面和内容上的社会适应:对水利工程移民,一般强调生产、生活以及人际关系等内容的适应;对生态移民,一般侧重其文化和生计发展的适应;对城市流动人口,更多的关注其心理认同和经济层面等适应。基于此,本书通过对移民社会适应的国内外研究成果的借鉴和参考,结合灾害移民的个体特征,认为灾害移民的社会适应实质上就是个体的继续社会化和再社会化过程,移民的社会适应内容实际上就是在其社会化过程中对生产、生活和人际交往技能和文化的不断学习和内化及其在新环境下的心理调适。由此,本书将现阶段我国灾害移民社会适应的系统构成概括为心理适应、生产①适应、生活适应、人际适应和文化适应五个方面。

第一,心理适应是社会适应的基础和核心内容。众所周知,意识支配行动,灾害移民在应对生存环境变动时,首先会产生心理上的变化,移民若想更好地适应环境,必须不断地调适自己的心理状态及其影响下的行为方式以符合自身在新环境下生存和发展的需要。具体而言,当前我国灾害移民一般是在灾后恢复重建后期即灾后较长时间后最终长期或终生迁移安置的,除了个例之外,大部分个体的心理创伤的康复等已经在灾害救援和灾后恢复重建的中前期完成,其心理适应内容应该侧重于对当前生活的心理预期和对往昔生活情境的追忆及其调适等。

第二,生产适应是个体社会适应得以进行的物质前提。马克思主义人口理论认为,物质资料的生产是人类两大最基本的生产活动之一,没有物质资料生产就没有人类社会的存在和衍续。同

---

① 按照马克思主义人口论观点,人类的生产活动有狭义和广义之分,狭义的生产仅指物质资料生产,广义则包括物质资料生产和人类自身的生产。书中"生产"为狭义的生产即物质资料生产。

样，灾害移民在其社会适应的过程中，首先必须经历生产适应，生产适应是灾害移民社会适应的前提条件，移民必须在生产适应的基础上不断生产和再生产可供于自身和家庭持续生存和发展的物质条件。具体而言，生产适应可以进一步划分为对生产环境、生产条件和生产工作的适应等内容。

第三，生活适应是灾害移民社会适应的重点内容。生活适应是灾害移民社会适应的一个重要方面，在生活环境发生较大或重大改变时，灾害移民必须适时通过继续社会化或再社会化掌握适应性的生活技能和社会规范，主动进行生活适应，才能使自身有效融入正常的社会生活中，为自身的生存和发展创造基本条件。生活适应首先就表现为对新的生活环境如生活设施环境、自然环境的适应，其次还包括在新的生活环境下对生活观念的适应和生活技能等的掌握，此外还应有应对生活困难的心理和行为调适等适应内容。

第四，人际适应是灾害移民社会适应的主要构成内容。人生活在由社会关系网络构成的社会中，人际关系也是每个人在社会生活中必须面对的客观现实。灾害移民在迁居后，其原有的人际关系网络或多或少的已遭到破坏，他们社会适应面临的一个重要挑战就是人际关系网络的恢复和重构，人际适应也是灾害移民社会适应的一个重要组成部分。具体而言，人际适应包括对新的家庭关系、邻里关系、亲属及朋友关系等的调适以及对社区和社会参与的适应。

第五，文化适应制约着灾害移民社会适应的总体成效。从社会学的视角看，文化适应是个体社会适应模式是否能够得到维持和延续的关键环节，也是移民为应对新的生活环境而采取的一种生存和发展策略。灾害移民在搬迁到新的居住地时，有可能面临的一个重要问题就是如何融入当地社会，移民在风俗习惯、生活观念和多元文化交互激荡和冲突的情况下，如何采取适应策略和达成何种具体的适应状况也为学者集中关注。考虑到文化内涵的丰富性、多样性和较强的外部关联性，文化适应内容大都以物质的、精神的和行为实践的方式呈现在个体的心理、生产、生活和人际交往适应中。

上述五个方面的社会适应共同综合作用，相互交织构成了灾害移民社会适应系统。心理适应状况直接支配移民在新环境下的主观能动性发挥，影响他们的生产、生活和人际交往活动，制约其生产、生活和人际适应；同时，移民在面对新的社会环境，也会面临包含生活习惯、传统习俗等在内的或多或少的文化差异上的难题，在文化层面的适应状况又会综合作用于移民的心理和行为方式，影响移民其他社会适应层面的状况。移民在生产适应、生活适应和人际适应等层面的适应也会反作用于其心理适应，移民当前生活的方方面面与心理预期的差异状况会进一步反馈于他自身的心理感受，从而影响其主观能动性的发挥。总的来说，心理适应、生产适应、生活适应、人际适应和文化适应这五个方面的社会适应并非相互割裂，而是有机融合的一个整体，其相互渗透、相互作用而反映出我国现阶段灾害移民社会适应的内部系统构成（图4-2）。

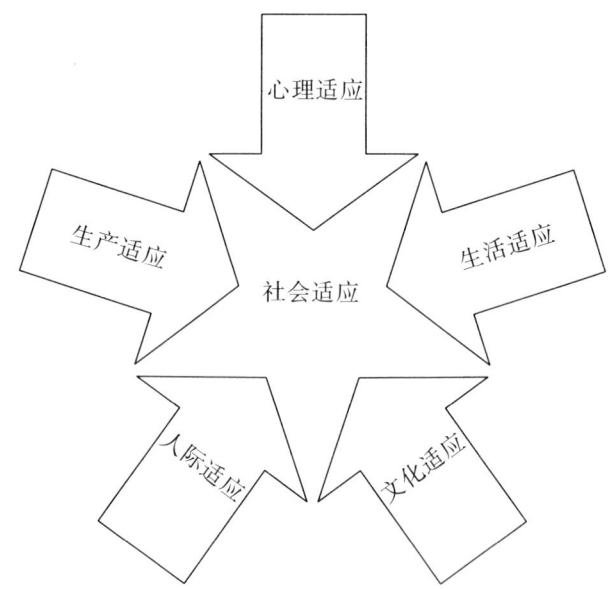

图 4-2　灾害移民社会适应的内部系统构成

二、灾害移民社会适应的外部系统构成

世界银行的研究[①]显示,迁移对移民可能产生一系列的影响,其中包括：原有的生产体系被破坏,生产性的收入来源丧失,人们被重新安置到另一个可能使他们的生产技能不能得到充分发挥、资源竞争更加激烈的环境中,乡村原有的组织结构和社会关系网被削弱,家族群体被分散,文化特征、传统势力及潜在的互相帮助作用被减弱等。而移民的这些特征直接影响到他们的社会适应过程和状况。同样,灾害移民的社会适应并非是局限在自身内部

---

①　迈克尔·塞尼著,水库移民经济研究中心译：《移民与发展：世界银行移民政策与经验研究》,河海大学出版社,1996年版。

第四章 灾害移民社会适应的理论分析

的一个封闭过程,而是其与外部系统相互作用的产物。

从前述生态系统论的视角看,如果将灾害移民的社会适应置于一个整体系统,那么社会适应的外部系统构成要素即是灾害移民社会适应的外部影响因素:一是微观系统,其构成包括移民日常频发与之互动的人或事物,如家属、邻里、亲朋等;二是中观系统,如移民的家庭,移民所处的单位、社区等;三是宏观系统,如经济、政治、文化及自然环境等。总体来说,灾害移民社会适应的外部系统构成如图4-3所示。

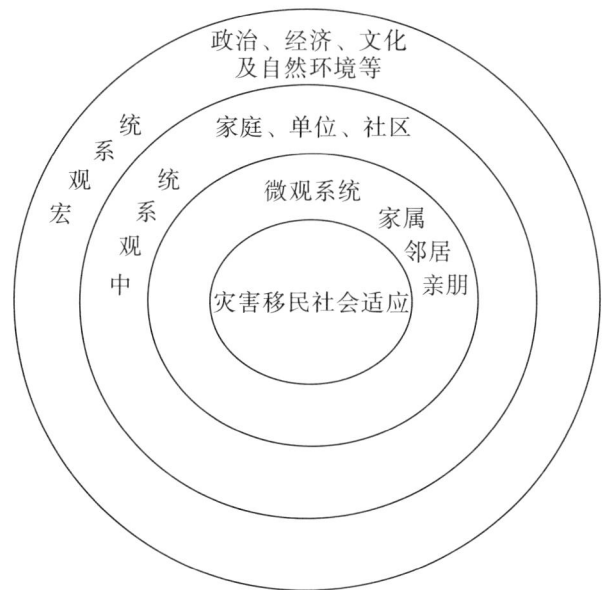

图 4-3 灾害移民社会适应的外部系统构成

值得注意的是,灾害移民社会适应的状况并非由外部因素单向决定,虽然其在社会适应的过程中,必然会受到既定外部环境条件的限制,但由于移民个体具有主观能动性,在其社会适应的过程中也会重新建构这一制约他自身社会适应的外部结构,因此，灾害移民的社会适应状况，实质上就是其社会适应系统内外部要素共同作用下的产物。

【本章小结】

无论是在何种方法论影响下的研究范式中，理论的重要性毋庸置疑。在经验研究[①]中：

第一，理论有助于为研究提供相关的视角和研究路径。如方法论基础一方面可以提供一种特定的研究视角，从具体的认识论上为我们如何看待和思考问题做出预设；另一方面可以直接影响我们决定包括具体的研究路径和步骤、研究方式、资料收集方式以及资料分析方式等在内的范式。

第二，理论还具备明确导向的作用。在具体研究中，一些基础理论的预设不仅可以明确研究的方向，同时有助于实证分析框架的确立，在理论指导前提下提出假设并围绕假设选择指标变量和收集数据，提高研究效率和减少研究的不确定性。如本书的基础理论体系中的社会化理论可以为本书在研究社会适应内容操作上提供指导，并可以进一步以此为基础设计社会适应状况的因变量指标；而灾害移民社会适应的影响因素即自变量设置则可以参照生态系统论的对社会适应的内外部系统的理论设定初步设置。

第三，有些经验研究，相关理论并不一定能够和研究产生实质性的互动，既不能用理论解释现象，也不能用观察数据去检验理论，但其却可以直接为现实议题研究的必要性和重大意义奠定理论基础，如结构功能主义的相关理论既无法在本书研究中用实

---

① 从目前学界对经验研究的界定看，自然科学和社会科学一般被认为是经验科学，经验研究基于知识的现实性或实质性（可以被感知和经验证明的）以及研究结果的非主观性（事实判断而非价值判断），侧重研究的实证性特征，主要通过实验、观察、问卷和访谈等方法收集一手资料。因此，经验研究一般等同于实证研究。

证资料检验，也无法解释灾害移民社会适应状况的问题及其影响因素，但其却可以从社会适应的功能层面解释本书研究的必要性及目的意义，同时也仍然可以从系统的结构—功能分析层面解释由社会适应引发的后续议题，如人口发展、社会分层以及民族稳定等。

第五章　灾害移民社会适应研究的调查概况与实证框架

"5·12"汶川地震对灾区人口和经济社会的发展造成了巨大的破坏，对北川县城及汶川相关乡镇等人类生活环境已遭受毁灭性破坏且不适宜人们继续生存和发展的地区进行整体性的人口迁移也成为党和政府"以人为本"、践行科学发展观的一个重大举措。客观分析，在近年来发生的几次特大自然灾害后，灾后恢复重建工作已取得卓越成效并持续深化，相关因灾人口迁移的前期工作基本顺利完成，广大受灾群众也得到了妥善安置，但与此同时，牵涉面广泛和深远的灾害移民社会适应问题也逐渐暴露出来。

第一节　调查设计

如前所述，我国的灾害移民由来已久，但鉴于传统社会和近阶段因灾人口迁移的特征差异，灾害移民的具体情况也存在较大的不同。在一定意义上，"5·12"汶川地震使得我国近阶段的因灾人口迁移问题真正进入了学界的视野并被广泛关注，学者纷纷致力于对安置点的科学选取，从人口迁移工作的周密计划、组织和部署以及因灾人口迁移的制度保证等层面进行细致和深入的探讨，为其后的因灾人口迁移工作奠定了一定的研究基础。而上述种种努力，其根本目的是确保因灾人口迁移背景下灾害移民更为有效地投入到新的社会生活中，促进区域人口、经济社会和资源环境的均衡发展。可以说，汶川地震后的因灾人口迁移无论是在特征还是在模式层面都是我国当前或未来因灾人口迁移的代表性案例，北川、汶川、青川等地的震后移民也可构成现阶段我国灾害移民的典型。

一、调查方案的设定

由于本书前述将"灾害移民"界定为在自然灾害发生后，灾后恢复重建已创造出一定的物质基础条件后长期或永久（自愿性或非自愿）异地安置迁居的居民，本书此次的调查研究对象选取为"5·12"汶川地震后的灾害移民，调查分为两个层面，在两个阶段完成。

一是实地考察，结合文献资料和实地考察具体选取满足本书界定的"灾害移民"较为集中要求的典型地区。"5·12"汶川地震共39个重灾区和极重灾区，对于北川、汶川、青川、都江堰、彭州等受灾严重地区多采用原址重建的方式，其中北川县城采用整体迁移方式进行重建，而对汶川、青川等地受灾群众以外迁统一安置和自愿搬迁相结合的方式进行移民，其他受灾地区人口迁移多为居民分散的自愿性搬迁。调查基于对相关资料的获取分析和实地考察，最终选取北川、汶川、青川等极重灾区的因灾人口迁移而产生的（长期或永久性）移民群体作为调查的总体，调查区域选取移民较为集中的BC县YC镇、LJ县IIJ镇、QL市NB乡和YZ乡等地。

二是开展实际的问卷调查和个案访谈。在调查地点确定的基础上，基于研究的实际需要，本次调查的抽样方案设定为概率抽样方式，对BC县YC镇采用多段抽样的方式，先按简单随机抽样抽取 6 个社区中的 2 个,进而按门牌号随机抽取住户进行入户调查,对 LJ 县和 QL 市等乡镇则在把握特定区域灾害移民总体情况下进行简单随机抽样。每个调查地点的样本量根据本书基于实地考察获取的实际移民数量、对实际调查制约因素和研究实际需要的综合考量确定。最终抽样过程和结果见表 5-1[①]。

表 5-1 抽样过程及抽样结果

区域	抽样方式	拟抽取样本量	实际抽取样本量	
			问卷	访谈
BCYC	多阶段抽样	500	461	8
QLNB	简单随机抽样	200	128	3
QLYZ	简单随机抽样	200	107	3
LJHJ	简单随机抽样	100	69	1

二、概念操作化及问卷设计

如前所述,本书将"社会适应"界定为移民为适应各种环境改变而做出的各种调适行为后所呈现出的生活状态。基于此,本次调查期望通过调查对象的各层面生活状况及其满意度、未来预期等以及移民对自身社会适应相关层面的主观认知和评价状况进行详细考察,以评价移民在各个层面的社会适应水平。访谈提纲内容主要涉及移民对迁居地社会环境状况、具体适应状况的主观

---

① 一方面,由于此次概率抽样过程中的不确定性因素如选定调查对象拒访、选定调查对象长期外出等的客观存在;另一方面,在最终一次性调查样本量确定的情况下,综合考虑样本的代表性与研究需要以及相关研究制约因素,调查并没有采取补充抽样的方式选定替代样本进行补充。由此,致使最后实际抽取的样本量低于拟抽取样本量,但基于概率抽样的角度认为,此次获取的样本所具备的代表性可以达到实际研究需要。

第五章 灾害移民社会适应研究的调查概况与实证框架

评价及其在迁居后遭遇的诸类生活困境等内容。

最终的调查问卷由以下六个部分组成：

第一部分为调查对象基本情况，包括个体基本的自然和社会特征，如性别、年龄、民族、宗教信仰、文化程度、婚姻状况、政治面貌、家庭人口、搬迁年限、搬迁方式和搬迁前后职业等变量；第二部分为经济生产（适应）情况，包括搬迁前后的家庭年收入、生产技能掌握程度、工作适应度、收入相对水平、收入满意度和收入提高信心等变量；第三部分为基本生活（适应）情况，包括住房来源、住房类型、住房满意度、生活差别、负债情况、生活环境便利性、生活环境变动状况、怀念原居住地程度、怀念原居住地熟人程度和生活困难状况等变量；第四部分为社会关系网络和人际交往（适应）情况，包括兄弟姐妹数或配偶兄弟姐妹数、新结识朋友数、居民交往状况、邻里关系满意度、亲戚同迁情况、邻居同迁情况、向他人求助意愿和社区参与度等变量；第五部分为文化生活（适应）状况，包括生活观念差异度、风俗习惯差异度、风俗习惯适应度和社区环境满意度等变量；第六部分为总体情况，包括发展信心、搬迁意愿和返迁意愿等变量。

本书在实证考察中依据前述灾害移民社会适应的内部系统构成，具体将"社会适应"操作为生计发展适应、基本生活适应、人际交往适应和文化适应四个维度并相应发展次级指标，这些指标变量均内含于问卷的后五个部分中。需要说明的是，问卷设计时的灾害移民社会适应结构维度以及相关因变量是借鉴以往同类研究，在灾害移民社会适应的理论分析框架下经验操作而来。而在本书具体数据分析过程中，实证分析中的灾害移民社会适应结构维度及相关因变量的实际归属均是按照特定的统计分析方法，依据指标数据内在的数理关系得出。

具体操作化内容见图5-1。

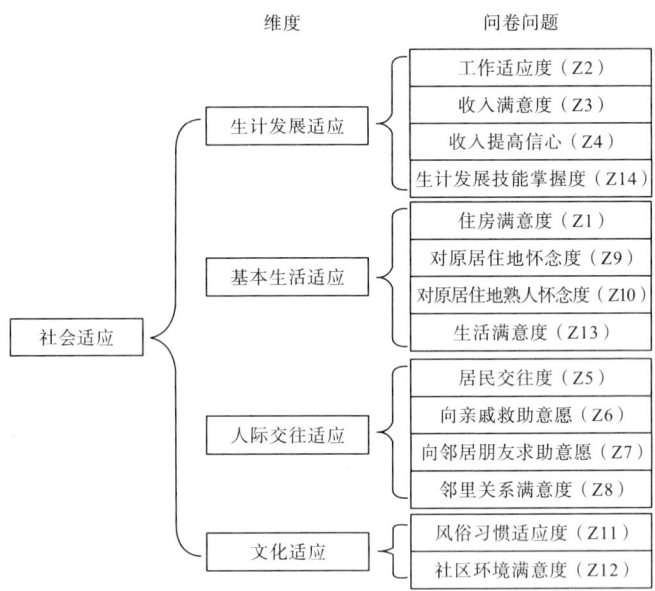

图 5-1 灾害移民社会适应操作化示意图（因变量）

三、调查及样本概况

第二阶段的问卷调查和个案访谈针对北川、汶川和青川等地震后迁居的相关灾后移民。调查拟发放问卷 1000 份，但由于概率抽样面临的制约因素以及研究的时间、人力和资金等因素限制，实际调查中发放 765 份，回收有效问卷 626 份，同时对 15 个对象进行深度访谈，有效问卷回收率超过 81%，达到研究要求。具体样本概况见表 5-2 和 5-3。

第五章 / 灾害移民社会适应研究的调查概况与实证框架

表5-2 样本概况（一）（N=626）

样本特征		频数	百分比（%）	样本特征		频数	百分比（%）
性别	男	232	37.1	婚姻状况	未婚	76	12.1
	女	394	62.9		已婚	507	81.0
年龄	34岁以下	191	30.5		离异	16	2.6
	35~55岁	315	50.3		丧偶	27	4.3
	55以上	120	19.2	政治面貌	中共党员	30	4.8
民族	汉族	463	74.0		共青团员	88	14.0
	少数民族	161	25.7		群众	492	78.6
	未答	2	0.3		其他	16	2.6
宗教信仰	无	441	70.4	受教育程度	小学及以下	263	42.0
	有	183	29.3		初中	164	26.2
	未答	2	0.3		高中/中专/中技	129	20.6
					大专及以上	70	11.2

注：(1) 调查问卷个别问题出现缺答情况，均以"未答"显示。

(2) 表中百分比均为总体百分比（计入缺省值），后文表中所涉及的百分比均是有效百分比（不计入缺省值）。

(3) 表5-3同上。

关于样本的人口学特征情况，调查结果（见表5-2）显示：在626名被调查者中，性别方面，女性394人，人数比率占近63%，比男性的高25.8%，这可能与调查期间成年男性外出务工人数较多有关。年龄方面，35~55岁者的人数比率最高，超过半数；其次是34岁以下者，也占近31%；55岁以上者的人数比率相对稍低，不足19.5%；被调查者的平均年龄为42.8岁，年龄构成较为合理。民族方面，汉族的人数比率居多，占74%，少数民族的比率也超过四分之一，另有0.3%的人未答，这与调查地区的民族构成情况较为一致。宗教信仰方面，绝大多数人无宗教信仰，人数比率超过70%；近30%的人有宗教信仰，且大多信仰佛教；另有0.3%的人未答。婚姻状况方面，已婚者的人数比率居绝大多数，占81%；其次的未婚者则不足12.5%；而丧偶、离异者的比率很低，均占3.5%左右。政治面貌方面，绝大多数被调查者是群众，人数比率占近79%；共青团员的比率较低，不足14.5%；共产党员、其他（民主党派）者的比率更低，均占3.5%左右。受教育程度方面，小学及以下者居首，人数比率占42%；其次是初中者，人数比率超过四分之一，比高中/中专/中技者的高5.6%；大专及以上者的人数比率最低，不足11.5%。

关于样本搬迁的基本情况，调查结果（见表5-3）显示：在家庭构成方面，被调查者家中大多是3~5口人（指吃住一起的），这三类家庭合计人数比率为72.5%；其次是6口之家，占近13.5%，比2口之家的比率高5%；单身家庭（1人）和7人以上家庭的人数比率很低，均不足3.5%；家庭平均人口数为4人。在家庭代际关系方面，家庭以3代、2代人的代际构成为主（指吃住一起的），两者的人数比率合计达87.7%；1代人家庭的比率很低，不足8.5%，比4代人家庭略高3.9%，这与家庭人口数量调查结果较为符合。

进一步考察被调查者家庭人口组成的详细情况可知，选择"爱人"的人数比率居多，约占61.2%；其次是选择"父亲母亲"的，也超过45.6%；选择"儿子/儿媳""女儿/女婿""兄弟姐妹"的人数比率比较接近，均占37%左右，高于选择"孙子女"的28.1%；选择"爱人兄弟姐妹"的人数比率较低，不足16%，比选择"岳父岳母""外孙子女"的分别高5.35%、7.03%；选择"其他人"的比率很低，不足2%。可见，主干家庭和核心家庭构成调查对象中主要的家庭类型。

表 5-3 样本概况（二）

样本特征		频数	百分比（%）	样本特征		频数	百分比（%）
家庭人口数	1 人	20	3.2	家庭人口组成「选择有的」	父亲母亲	273	45.65
	2 人	51	8.3		岳父岳母	63	10.54
	3 人	164	26.7		兄弟姐妹	215	35.95
	4 人	147	23.8		爱人	366	61.20
	5 人	136	22.0		爱人兄弟姐妹	95	15.89
	6 人	82	13.3		儿子/儿媳	239	39.97
	7 人及以上	17	2.7		女儿/女婿	221	36.96
	N	617	100.0		孙子女	168	28.09
几代人	1 代	50	8.1		外孙子女	53	8.86
	2 代	266	42.9		其他人	10	1.67
	3 代	278	44.8	搬迁年限	1 年	38	6.4
	4 代	26	4.2		2 年	27	4.5
	N	620	100.0		3 年	53	8.9
搬迁方式	外迁集中安置	523	84.8		4 年	258	43.1
	外迁分散安置	42	6.8		5 年（含以上）	222	37.1
	找工作或投亲友	24	3.9		N	598	100.0
	其他	28	4.5				
	N	617	100.0				

在搬迁方式上，被调查者选择"外迁集中安置"的人数比率接近85%；选择"外迁分散安置""找工作或投靠亲友""其他"的人数比率很低，均占5%左右。在搬迁年限上，绝大多数人选

择"4年"或"5年"(填写5年以上合并至5年进行频数分析),人数比率合计占80.2%;而选择"1年""2年""3年"者的人数比率很低,均占6.5%左右;平均搬迁年限为4.02年。可见,安置工作启动后,绝大多数人能够在相关部门组织下及时地完成搬迁。

四、调查资料整理和分析

调查资料主要涉及问卷数据和访谈收集的文字资料。对于访谈资料,本研究在后期进行了转录并分类整理;对于问卷数据,采用统一的编码方式进行编码并录入数据库,并对数据进行有效范围清理和逻辑一致性清理,保证其后产生的缺省值均为漏填漏答所致,排除人为的录入误差,由于最终产生的缺省值很少,因此对缺省值并未采用相关技术方法进行替换和填充,在具体统计运算中缺省值并不代入分析。在资料分析方式上,访谈资料均采用经验论证、比较分析等进行定性分析,问卷数据则通过SPSS20.0进行单变量、双变量和多变量的统计分析。

对现象的测量必须要求具备一定的可靠性和有效性,因此调查问卷的信度和效度是评价调查的主要标准,利用收集的问卷数据,本研究此处针对问卷设计的因变量(社会适应状况)部分进行信度检验以评价问卷设计质量,效度评价则见后续的实证分析框架中的因子分析内容。SPSS所提供的信度计算模型分别有Alpha(克朗巴哈)模型、Split-half模型、Cuttman模型、Parallel模型和Strict Parallel模型。Alpha(克朗巴哈)模型是最常用的信度检验方法,其适用于多重计分题。据此,本研究选取14个用以反映灾害移民社会适应状况的主观题代入模型计算其内部信度,输出结果整理见表5-4和图5-2。

表 5-4　信度统计量

Cronbach's Alpha	基于标准化项的 Cronbach's Alpha	项数
0.752	0.757	14

			平方和	df	均方	Friedman 的卡方	Sig
人员之间			1342.792	564	2.381		
人员内部	项之间		2059.867	13	158.451	268.156	.000
	残差	非可加性	47.570ª	1	47.570	81.389	.000
		平衡	4284.848	7331	.584		
		总计	4332.419	7332	.591		
	总计		6392.286	7345	.870		
总计			7735.078	7909	.978		

注：（1）总均值＝2.7704。

（2）a：要实现可加性＝2.022，必须增加观测次数的 Tukey 幂估计。

图 5-2　**Tukey 非可加性检验**

通过图 5-2 的 Tukey 非可加性检验结果发现，$P=0.000$，说明信度计算通过假设，各变量间存在典型的交互效应，适用于既定理论（真分数测量理论）下的信度系数计算[①]。从表 5-4 输出结果可以发现，Cronbach's Alpha 系数值和调整后的系数值分别为 0.752 和 0.757，均大于 0.7，说明相关测量数据可靠且具备满意的信度。

---

① 具体参见张文彤等主编的《SPSS 统计分析高级教程》（第二版）（高等教育出版社，2013 年版）一书中信度分析部分内容。

第二节 灾害移民社会适应研究的实证分析框架

一、方法与步骤

根据经验操作和发展的灾害移民社会适应结构维度和指标基于收集相应的数据考虑,其并不一定能与实证分析完全吻合,这就需要针对具体收集的数据,采用适当的统计分析方法进行调整。基于此,本书应用因子分析对前述操作化出的能够反映灾害移民心理适应、生计发展适应、基本生活适应和人际交往适应状况的14个因变量进行主成分分析,结果见表5-5-1至5-5-4和图5-3。

表5-5-1 KMO和Bartlett的检验

取样足够度的Kaiser-Meyer-Olkin度量	0.780
近似卡方	2273.027
Bartlett的球形度检验 df	91
$Sig.$	0.000

表5-5-2 公因子方差

指标	初始	提取
住房满意度(Z1)	1.000	0.518
工作适应度(Z2)	1.000	0.587
收入满意度(Z3)	1.000	0.573
收入提高信心(Z4)	1.000	0.306

续表5-5-2

指标	初始	提取
居民交往度（Z5）	1.000	0.642
向亲戚求助意愿（Z6）	1.000	0.725
向邻居朋友求助意愿（z7）	1.000	0.746
邻里关系满意度（Z8）	1.000	0.644
对原居住地怀念度（Z9）	1.000	0.787
对原居住地熟人怀念度（Z10）	1.000	0.745
风俗习惯适应度（Z11）	1.000	0.480
社区环境满意度（Z12）	1.000	0.596
生活满意度（Z13）	1.000	0.641
生计发展技能掌握度（Z14）	1.000	0.504

提取方法：主成分分析。

表5-5-3 公因子解释的总方差

成分	初始特征值			提取平方和载入			旋转平方和载入		
	合计	方差/%	累积/%	合计	方差/%	累积/%	合计	方差/%	累积/%
1	3.910	27.925	27.925	3.910	27.925	27.925	2.965	21.176	21.176
2	1.986	14.182	42.108	1.986	14.182	42.108	2.273	16.239	37.415
3	1.535	10.963	53.071	1.535	10.963	53.071	1.726	12.331	49.746
4	1.064	7.599	60.670	1.064	7.599	60.670	1.529	10.924	60.670
5	0.851	6.077	66.747						
…	…	…	…						
14	0.261	1.866	100.000						

提取方法：主成分分析。

表 5-5-4　因子载荷矩阵

指标	成分			
	1	2	3	4
住房满意度（Z1）	0.294	0.488	0.369	0.242
工作适应度（Z2）	−0.207	0.728	0.043	0.112
收入满意度（Z3）	0.299	0.648	0.221	−0.119
收入提高信心（Z4）	0.264	0.467	−0.009	0.134
居民交往度（Z5）	0.750	0.110	0.041	0.258
向亲戚求助意愿（Z6）	0.848	0.033	−0.060	−0.036
向邻居朋友求助意愿（Z7）	0.854	0.104	−0.054	−0.058
邻里关系满意度（Z8）	0.725	0.233	−0.139	0.213
对原居住地怀念度（Z9）	−0.113	−0.099	0.868	0.108
对原居住地熟人怀念度（Z10）	−0.073	0.081	0.849	−0.113
风俗习惯适应度（Z11）	0.272	0.519	−0.124	0.348
社区环境满意度（Z12）	−0.033	0.123	0.017	0.761
生活满意度（Z13）	0.213	0.178	0.011	0.751
生计发展技能掌握度（Z14）	0.059	0.675	−0.152	0.145

（1）提取方法：主成分分析。
（2）旋转法：具有 Kaiser 标准化的正交旋转法。
（3）旋转在 5 次迭代后收敛。

表 5-5-1 的 KMO 和球形 Bartlett 检验结果显示，14 个变量所包含的信息重叠程度较高（$KMO>0.7$），同时球形检 Bartlett 验值呈显著性水平（$P=0.000$），因此适合利用因子分析提取对各指标变量起作用但不能被直接测量的公因子。

表 5-5-2 显示 14 个变量的共同度（"提取"列）基本都达到 50%甚至 60%以上，可以认为后续提取出的公因子对各变量具有较强的解释力。

表 5-5-3 按照特征根大于 1 的标准提取了 4 个公因子，其

累积方差贡献率超过 60%，结合图 5-3 的因子分析碎石图可以发现，前 4 个因子散点明显处于陡坡位置，而后 10 个因子处于相对平缓的平坡位置且特征根小于 1，综合可以认为提取前 4 个公因子即可概括全部变量的信息。

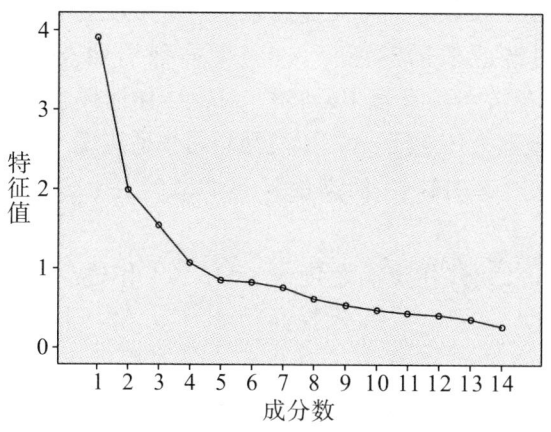

图 5-3　主成分分析碎石图

表 5-4-4 列出旋转后的因子载荷矩阵，显示 4 个公因子分别对各变量的影响程度，最终可以据此写出 4 个公因子的方程表达式（式 1、式 2、式 3、式 4）：

$F1 = 0.294 \times$ 住房满意度 $-0.207 \times$ 工作适应度 $+0.299 \times$ 收入满意度 $+0.264 \times$ 收入提高信心 $+0.750 \times$ 居民交往度 $+0.848 \times$ 向亲戚求助意愿 $+0.854 \times$ 向邻居朋友求助意愿 $+0.725 \times$ 邻里关系满意度 $-0.113 \times$ 对原居住地怀念度 $-0.073 \times$ 对原居住地熟人怀念度 $+0.272 \times$ 风俗习惯适应度 $-0.033 \times$ 社区环境满意度 $+0.213 \times$ 生活满意度 $+0.059 \times$ 生计发展技能掌握度　　　　　　（式 1）

$F2 = 0.488 \times$ 住房满意度 $+0.728 \times$ 工作适应度 $+0.648 \times$ 收入满意度 $+0.467 \times$ 收入提高信心 $+0.110 \times$ 居民交往度 $+0.033 \times$ 向亲戚求助意愿 $+0.104 \times$ 向邻居朋友求助意愿 $+0.233 \times$ 邻里关系满意度 $-0.099 \times$ 对原居住地怀念度 $+0.081 \times$

对原居住地熟人怀念度+0.519×风俗习惯适应度+0.123×社区环境满意度+0.178×生活满意度+0.675×生计发展技能掌握度

(式2)

$F3$=0.369×住房满意度+0.043×工作适应度+0.221×收入满意度−0.009×收入提高信心+0.041×居民交往度−0.060×向亲戚求助意愿−0.054×向邻居朋友求助意愿−0.139×邻里关系满意度+0.868×对原居住地怀念度+0.849×对原居住地熟人怀念度−0.124×风俗习惯适应度+0.017×社区环境满意度+0.011×生活满意度−0.152×生计发展技能掌握度

(式3)

$F4$=0.242×住房满意度+0.112×工作适应度−0.119×收入满意度+0.134×收入提高信心+0.258×居民交往度−0.036×向亲戚求助意愿−0.058×向邻居朋友求助意愿+0.213×邻里关系满意度+0.108×对原居住地怀念度−0.113×对原居住地熟人怀念度+0.348×风俗习惯适应度+0.761×社区环境满意度+0.751×生活满意度+0.145×生计发展技能掌握度

(式4)

需要说明的是，由于因子分析不仅能够评价指标的相合性，还可以用共性方差与总方差之比作为问卷结构效度的衡量指标。因此上述因子分析过程和结果也直接反映了调查问卷具有较强的结构效度。

二、实证分析框架确立

进一步对表5-5-4的因子载荷矩阵分析发现，第一个因子F1对居民交往度（Z5）、向亲戚求助意愿（Z6）、向邻居朋友求助意愿（Z7）和邻里关系满意度（Z8）四个设计人际交往适应的指标变量具有较大的载荷，据此可以将F1命名为"人际交往适应"因子；第二个因子 F2 对住房满意度（Z1）、工作适应度（Z2）、收入满意度（Z3）、收入提高信心（Z4）、风俗习惯适应度（Z11）和生计发展技能掌握度（Z14）六个主要涉及生计发展适应的指标变量具有较大的载荷，据此可以将 F2 命名为"生计发展适应"因子；第三个因子 F3 对原居住地怀念度（Z9）和对原居住地熟人怀念度（Z10）两个涉及心理适应的指标变量具有较大的载荷，据此可以将 F3 命名为"心理适应"因子；第四个因子 F4 对社区环境满意度（Z12）和生活满意度（Z13）两个指标具有较大的载荷度，此外对风俗习惯适应度（Z11）也具有一定的影响力，因此可以将 F4 命名为"生活适应"因子。

最终，在调查问卷操作化的基础上，根据对指标变量的因子分析结果，确定灾害移民社会适应的实证分析框架如图 5-4 所示：

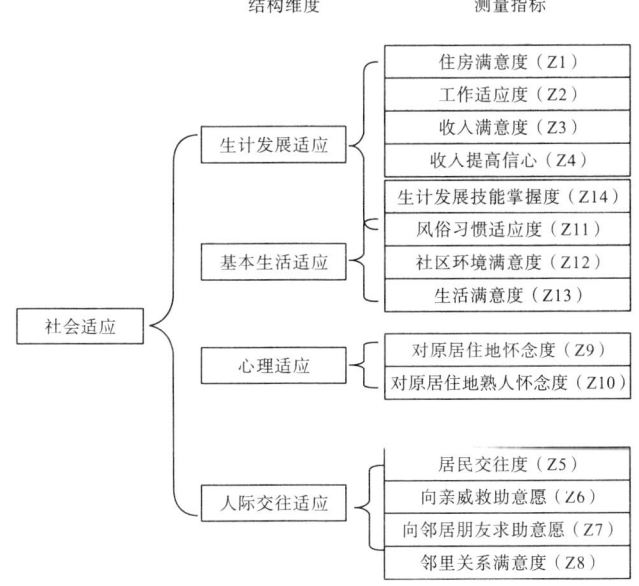

图 5-4　灾害移民社会适应实证分析框架图

第六章 灾害移民社会适应状况的现实考察
——基于 BC 等地 626 名[①]地震移民的调查研究

描述是社会科学的重要任务，实证主义也主张通过具体的"观察"以解答社会现象"是什么"的问题。本章在前述灾害移民社会适应研究的实证分析框架确立的基础上，首先以调查问卷为主要测量手段，对灾害移民社会适应的状况进行量化展现，通过"提出假设—观察—资料分析—验证假设"这一实证研究的规范步骤来揭示灾害移民社会适应现象的相关特征和规律，最终结合对访谈资料的分析具体呈现灾害移民社会适应状况中存在的一些问题并提出一些对应的反思性结论。

第一节 灾害移民社会适应的基本状况

一、生计发展适应状况

生计发展是灾害移民生产适应最重要的内容，也是其生活适

---

① 本次调查实际回收有效问卷 626 份，由于各个具体问题的答案选项，部分调查者并未填答而产生缺省值，对缺省值的处理方式如本书第五章阐述并未进行插值替换，由此导致具体问题分析的实际样本量（N）有所不同。

应与人际交往适应的物质基础条件，是社会适应的重要维度之一。本书结合调查中询问的住房、职业、收入、借款情况等问题并结合生计发展因子得分（式2）的赋值分析考察灾害移民生计发展适应的客观状况。

（一）住房状况

"安居"才能"乐业"，住房问题是移民搬迁后开始新生活所必须面对的首要问题，也在很大程度上影响其生计发展适应的状况。由于前述因子分析确立的灾害移民社会适应实证分析框架把住房内容纳入生计发展因子中，因此在此首先考察移民的住房相关状况。

对于住房来源，调查结果（见表6-1）显示：绝大多数被调查者由政府补助购买住房，人数比率超过62%；其次是自己购买（包括贷款购买），占近四分之一；自建住房者的比率相对较低，不足13.5%；"其他"住房来源的比率更低，不足1%。可见，政府补助是灾害移民解决住房问题的主要途径。

表6-1 住房来源（$N=614$）

	自建	自己购买	政府补助购买	其他
频数	81	144	384	5
百分比（%）	13.2	23.5	62.5	0.8

对于住房类型，调查结果（见表6-2）显示：搬迁前，"平房，单门独户，有院子"的比例最高，超过44%，比"楼房，单门独户，有院子"的高8.1%；"居民区单元房"的比例也超过10%；而"平房，单门独户，无院子""楼房，单门独户，无院子"的比例很低，分别为3.4%和5.3%，另有不足1%的调查对象选择"其他"类型住房。搬迁后，绝大多数被调查者住在

"居民区单元房"里，比例超过80%；"楼房，单门独户，无院子"的比例较低，不足11%；"平房，单门独户，有院子""楼房，单门独户，有院子""平房，单门独户，无院子"和"其他"住房类型的比例很低，均不足4.5%。可见，搬迁前的主要住房类型是"单门独户、有院子"，搬迁后的主要住房类型则为"居民区单元房"，这与住房来源的调查结果相呼应。

表6-2 住房类型

	搬迁前		搬迁后	
	频数	百分比（%）	频数	百分比（%）
平房，单门独户，有院子	274	44.4	25	4.05
平房，单门独户，无院子	21	3.4	6	1.0
楼房，单门独户，有院子	224	36.3	25	4.05
楼房，单门独户，无院子	33	5.3	65	10.6
居民区单元房	62	10.1	495	80.3
其他	3	0.5	0	0.0
N	617	100.0	616	100.0

对于搬迁前后住房条件的比较，调查结果（见表6-3）显示：近66%的被调查者认为当前的住房条件比以前更好（包括"好很多"和"好一些"），近四分之一的人认为"差不多"，另外有不足10%的人认为条件更差（包括"差一些"和"差很多"）。

表6-3 当前住房条件与以前相比较（N=619）

	好很多	好一些	差不多	差一些	差很多
频数	84	324	151	46	14
百分比（%）	13.6	52.3	24.4	7.4	2.3

对于当前住房的满意度，调查结果（见表6-4）显示：

53%的被调查者对此表示"满意"(包括非常满意和比较满意);但亦有近38%的人表示"一般";表示"不满意"的比例最低,不足9.5%。

表6-4 对当前住房满意度（N=626）

	非常满意	比较满意	一般	不太满意	很不满意
频数	59	273	236	55	3
百分比（%）	9.4	43.6	37.7	8.8	0.5

（二）职业状况

职业参与是个体参与社会分工、获取合理物质报酬的主要途径,是社会成员生计发展的基础,亦是考察灾害移民生计发展适应的内容之一。调查结果（见表6-5）显示:搬迁前,被调查者中"务农者"的比例最高,占近60%;其次是"失业、待业者",比例不足17%;"民营企业主/个体经营者""打工(并务农)者"的比例很低,均为6.5%左右;"私营企业工作人员""机关企事业单位工作人员""其他职业者""离退休人员"的比例更低,均不足4.5%。搬迁后,"失业、待业者"的比例最高,超过52%;其次是"打工(并务农)者",比例不足17.5%;"私营企业工作人员""机关企事业单位工作人员""其他职业者"的比例很低,均为7%左右;"民营企业主/个体经营者""务农者""离退休人员"的比例更低,均不足4%。结合搬迁前后的职业赋分换算（表6-6）可以发现,搬迁后接近80%的被调查者职业发生变动,迁移对移民的职业变动产生很大的影响,迁移后的失业、待业者比例大幅增高。

表 6-5 职业状况（N=623）

	搬迁前		搬迁后	
	频数	百分比（%）	频数	百分比（%）
务农者	370	59.4	19	3.1
打工（并务农）者	33	5.3	108	17.3
机关企事业单位工作人员	19	3.1	45	7.2
私营企业工作人员	26	4.2	53	8.5
民营企业主/个体经营者	48	7.7	23	3.7
离退休人员	7	1.1	13	2.1
失业、待业者	103	16.5	325	52.2
其他职业者	17	2.7	37	5.9

表 6-6 职业变动状况（N=623）

	频数	百分比（%）
职业无变动	133	21.2
职业变动	493	78.8

调查中进一步通过询问"当前职业满意度"和"生计技能掌握度"来考察对职业变化的适应情况及其调适状况。表6-7显示：超过半数的被调查者对搬迁后的职业状况的满意程度表示"一般"，超过33%的人表示"比较满意"，表示"非常满意"的比例不足10%，此外还有3%左右的被调查者对当前职业"不满意"（包括"不太满意"和"很不满意"）。在大部分被调查者职业变动（表6-6）的情况下，调查询问了被调查者的新的谋生技能掌握状况。表6-8显示：生计技能掌握状况"一般"的比例最高，接近61%；有37%左右的调查对象表示"掌握较多"和"掌握很多"的生计技能；此外还有3%左右的调查对象生计

技能掌握状况不理想。

表6-7 对目前职业的满意度（$N=587$）

	非常满意	比较满意	一般	不太满意	很不满意
频数	57	196	318	11	5
百分比（%）	9.7	33.4	54.2	1.9	0.8

表6-8 生计技能掌握状况（$N=619$）

	掌握很多	掌握较多	一般	掌握较少	没有掌握
频数	50	178	374	14	3
百分比（%）	8.1	28.8	60.4	2.2	0.5

（三）收入状况

收入是社会成员生计发展的重要衡量标准，它与职业有所联系但并非线性相关，是考察灾害移民生计发展适应的重要内容。调查通过询问居民家庭收入情况可知（表6-9）：搬迁前被调查者的家庭年收入，最低0.2万元左右，最高超过11.0万元，平均约2.11万元；搬迁后的家庭年收入，最低0.3万元左右，最高20万元左右，平均约3.01万元；搬迁后移民家庭平均年收入较搬迁前有所增长，增幅超过42.7%。总体可见，虽然前述职业变化不尽如人意，同时从标准差的数据看，与搬迁前相比，搬迁后移民家庭年收入呈现了分化趋势，但移民家庭的整体收入状况是上升的。

表6-9 家庭平均年收入（$N=611$）

	最小值	最大值	均值	标准差
家庭平均年收入（元）（搬迁前）	2000	115000	21166	17997
家庭平均年收入（元）（搬迁后）	3000	200000	30143	25532

调查中通过询问"对当前收入与当地居民收入比较的认识""对自身收入的满意度"及"对收入增长的信心",综合考察其对收入变化的心理适应情况。调查结果(见表6-10)显示:与当地居民相比较,被调查者认为收入"差不多"的比例最高,超过60%;其次是认为"低"的(包括低一些和低很多),也占近28%;只有不足12.5%的人认为"高"(包括高一些和高很多)。对于收入满意度,近55%的人表示"一般";四分之一的人表示"不满意"(包括不太满意和很不满意),比表示"满意"(包括非常满意和比较满意)的比例高4.9%。对于未来收入的提高,近58%的人表示"有信心"(包括很有信心和较有信心),超过三分之一的人表示"一般",只有不足8%的人表示"没信心"(包括较没信心和很没信心)。

表6-10 对收入的主观评价

		高很多	高一些	差不多	低一些	低很多	N
与当地居民相比较	频数	5	71	369	129	40	614
	百分比(%)	0.8	11.6	60.1	21.0	6.5	100.0
		非常满意	比较满意	一般	不太满意	很不满意	N
自身对收入满意度	频数	12	113	342	128	28	623
	百分比(%)	2.0	18.1	54.9	20.5	4.5	100.0
		很有信心	较有信心	一般	较没信心	很没信心	N
对收入提高的信心	频数	77	281	217	29	19	623
	百分比(%)	12.4	45.1	34.8	4.7	3.0	100.0

进一步了解灾害移民提高收入、改善生活的手段,调查结果(见表6-11)显示:被调查者认同"外出打工"来改善生活的比例相对较高,近45%;选择"工资提升"的比例也超过34%;选择"经商"的人数比率相对较低,不足11%;只有不足5%的人选择继续"务农";另有近12%的人选择"其他"途径(在

"其他"后的开放式选项中大都填写"没考虑过")。可见,外出打工及依赖于职业的工资,是灾害移民改善生活的两个主要手段。

表6-11 提高收入的主要手段（N=621）

		工资提升	外出打工	务农	经商	其他（没考虑过）
是	频数	234	279	29	66	73
	百分比（%）	34.3	41.0	4.3	9.7	10.7

（四）借款状况

职业、收入固然是生计发展的主要内容,但个体与家庭的借款情况也是影响生计发展不可忽视的要素。调查通过询问住房借款及其他事宜的借款情况来考察该问题。

第一,因房欠款情况。调查结果（见表6-12）显示:绝大多数被调查者（近73%）没有因搬迁后的住房问题而借款;只有不足28%的人因房子欠款,大多是由于自购商品房;在124名因房欠款者中,欠款均值为7.1万元,最低0.1万元左右,最高30万元左右。

表6-12 是否因房欠债（N=620）

	频数	百分比（%）
没有	450	72.6
欠债	170	27.4

第二,其他欠款情况。调查结果（见表6-13）显示:搬迁时因住房外其他事宜而借款者的比例相对较低,不足37%,而未借款者的比例则超过63%;搬迁后因住房外其他事宜而借款

者的比例更低，不足27%，而未借款者的比例则超过73%（较搬迁时上升了10.3%）；在119名搬迁时因其他事宜欠款者中，欠款均值为4.3万元，最低0.1万元左右，最高超过10.0万元；在79名搬迁后因其他事宜欠款者中，欠款均值为3.6万元，最低0.03万元左右，最高超过10万元。可见，只有少部分人因其他事借款，且借款人数比例和金额在搬迁后都有下降态势。

表6-13 是否因他事借钱（N=623）

	搬迁时		搬迁后	
	频数	百分比（%）	频数	百分比（%）
没有	391	63.2	454	73.5
借过	228	36.8	164	26.5
N	619	100.0	618	100.0

（五）生计发展总体适应状况

综上所述，移民在搬迁后面临的生计发展状况均有所改变，从住房满意度、职业满意度、收入满意度、收入提高手段以及生计技能掌握等变量的分析结果看，移民都能够针对生计发展采取一定的应对调适行为，表现出较为良好的生计适应状况。

在住房满意度上，"满意"和"比较满意"者的比例达到53%，"不太满意"和"不满意"者的比例不足9.5%；职业满意度方面，超过43%的人表示"满意"和"比较满意"，"不太满意"和"不满意"者的比例仅不足3%；对收入的主观评价层面，满意者（20%）和不满意者（25%）的比例虽大致相当，但更多的人（57.5%）对未来收入提高有信心，仅有7.7%的被调查者对收入提高缺乏信心，同时绝大部分被调查者（89.3%）都能够主动考虑采取"工资提升""外出打工"和"经商"等手段提高经济收入,仅有不足10%的被调查者在此方面缺乏考虑;在生计技能掌握情况上,没有掌握任何生计技能和掌握很少的被调查者比例仅为2.7%,更多的人或多或少在搬迁后掌握了新的生计技能。

进一步对生计发展适应因子进行加总赋分直观呈现移民生计发展的总体适应状况。根据因子得分赋值转换的结果(表6-14)显示,绝大多数被调查者在生计发展上呈现"很适应"和"一般"的状态,二者比例超过95%,此外只有不足5%的被调查者"不太适应",同时没有"比较适应"和"很不适应"的情况出现。可见,调查对象总体生计发展适应状况比较理想。

表6-14　生计发展总体适应状况(N=565)

	很适应	比较适应	一般	不太适应	很不适应
频数	300	0	239	26	0
百分比(%)	53.1	0.0	42.3	4.6	0.0

注:按式1计算生计发展适应因子(F1)得分,得分越高,说明适应状况越差,得分越低,说明适应状况越好;进一步将总得分按标准进行5段划分并赋值最终生成表中数据,相关计算和操作步骤在SPSS中完成,此处不再赘述;表6-23、表6-26、表6-31相同。

二、基本生活适应状况

灾害移民社会适应不仅体现在生计发展方面,更多地体现在基本生活的方方面面,生活适应是灾害移民社会适应的主要内容。调查通过询问生活满意度、社区环境状况及评价、习俗观念适应等问题并结合对基本生活因子得分(式2)的赋分状况来进行考察。

(一) 社区生活环境状况

生活环境涉及灾害移民生活的具体内容,是其生活适应的主要构成部分。本次调查主要通过询问交通、孩子上学、亲戚来往、购物、通信、看病、娱乐、治安方面的便利性与对比评价来进行考察。

对于当前生活环境诸方面便利性的评价,调查结果(见表6-15)显示:交通方面,绝大多数被调查者认为"好"(包括很好和较好,下同),比例超过86%;认为"一般"的比例较低,不足13%;认为"差"(包括较差和很差,下同)的比例更低,不足1.5%。孩子上学方面,绝大多数被调查者认为"好",比例约为86%;其次是认为"一般"的,不足13.5%;而认为"差"的比例更低,仅为1%。亲戚来往方面,79.5%的被调查者认为"好";认为"一般"的比例相对较低,不足18%;只有2.7%的人认为"差"。购物方面,76.2%的被调查者认为"好";认为"一般"的比例相对较低,不足19%;只有5.1%的人认为"差"。看病方面,认为"好"的比例最高,超过76%;其次是认为"一般"的,占近五分之一;认为"差"的比例最低,不足4.5%。娱乐方面,超过70%的被调查者认为"好",另有超过四分之一的人认为"一般",只有不足9%的人认为"差"。社区治安方面,61.9%的人认为"好",但认为"一般"的比例也超过30%,另有7.7%的人认为"差"。总体而言,被调查者对当前生活环境诸方面便利性评价较高。

表 6-15 生活环境诸方面便利性（N＝625）

		很好	较好	一般	较差	很差
交通	频数	379	160	78	6	2
	百分比（%）	60.6	25.6	12.5	1.0	0.3
孩子上学	频数	329	206	84	6	0
	百分比（%）	52.6	33.0	13.4	1.0	0.0
亲戚来往	频数	286	211	111	14	3
	百分比（%）	45.7	33.8	17.8	2.2	0.5
购物	频数	304	172	117	27	5
	百分比（%）	48.7	27.5	18.7	4.3	0.8
看病	频数	319	159	121	20	6
	百分比（%）	51.0	25.4	19.4	3.2	1.0
娱乐	频数	328	110	134	42	11
	百分比（%）	52.5	17.6	21.4	6.7	1.8
社区治安	频数	226	161	190	28	20
	百分比（%）	36.1	25.8	30.4	4.5	3.2

将当前生活环境诸方面与原来相比较，调查结果（见表 6-16）显示：交通方面，绝大多数被调查者认为现在比以前更"好"（包括好很多和好一些，下同），比例约为 91%；认为"差不多"的比例很低，不足 7%；认为比以前更"差"（包括差一些和差多了，下同）的比例更低，不足 2.5%。孩子上学方面，绝大多数被调查者认为现在比以前"好"，比例超过 88%；认为"差不多"的比例较低，不足 10%；认为"差"的比例更低，不足 3%。亲戚来往方面，77.3% 的被调查者认为现在比以前更"好"；其次是认为"差不多"的，也占近 19%；认为更"差"的比例最低，仅占 4%。购物方面，77.9% 的被调查者认为现在比以前更"好"；其

次是认为"差不多"的,占近17%;认为更"差"的人数比例最低,不足6%。看病方面,绝大多数被调查者认为现在比以前更"好",比例超过77%;其次是认为"差不多"的,也占近19%;只有4%的人认为现在更"差"。娱乐方面,78.9%的被调查者认为现在更"好";认为"差不多"的比例相对较低,不足15%;认为现在更"差"的比例最低,不足7%。社区治安方面,认为现在比以前更"好"的人居多,超过73%;其次是认为"差不多"的,也占近五分之一;只有不足7.5%的人认为现在更"差"。总体而言,绝大多数被调查者认为当前生活环境诸方面比以前更好。

表6-16 当前与过去生活环境诸方面比较(N=625)

		好很多	好一些	差不多	差一些	差多了
交通	频数	398	170	43	14	0
	百分比(%)	63.7	27.2	6.9	2.2	0.0
孩子上学	频数	381	170	58	16	0
	百分比(%)	60.9	27.2	9.3	2.6	0.0
亲戚来往	频数	315	168	117	18	7
	百分比(%)	50.4	26.9	18.7	2.9	1.1
购物	频数	343	144	103	29	6
	百分比(%)	54.9	23.0	16.5	4.6	1.0
看病	频数	346	138	116	18	7
	百分比(%)	55.3	22.1	18.6	2.9	1.1
娱乐	频数	343	150	90	30	12
	百分比(%)	54.9	24.0	14.4	4.8	1.9
社区治安	频数	265	194	120	32	14
	百分比(%)	42.4	31.0	19.2	5.1	2.3

在当前的社区环境的总体满意度方面,调查结果(表6-17)显示:大部分被调查者持"一般"的中性态度,其比例超过61%,超过27%的人对搬迁后的社区环境表示满意(含非常满意和比较满意),同时也有8.3%的被调查者表示"不太满意",也有3%左右的"不满意"者。

表6-17 社区环境满意度($N=623$)

	非常满意	比较满意	一般	不太满意	不满意
频数	54	115	384	52	18
百分比(%)	8.7	18.5	61.6	8.3	2.9

(二)习俗观念适应状况

灾害移民基本生活适应不仅包括对客观具体生活的适应,还包括对习俗观念等主观层面的适应。对此,调查通过询问风俗习惯、生活观念的差别及其适应性评价来进行考察。

对于现居地与原居地风俗习惯的差别评价,调查结果(见表6-18)显示:半数以上的被调查者认为差别程度"一般",其次是认为差别"小"(包括差别较小和差别很小,下同)的,超过27%,比认为差别"大"(包括差别较大和差别很大,下同)的高4.9%。可见,多数被调查者认为现居地与原居地的风俗习惯存在一定的差别。

表6-18 现居地与原居地风俗习惯差别评价($N=626$)

	差别很大	差别较大	一般	差别较小	差别很小
频数	29	111	315	107	64
百分比(%)	4.6	17.8	50.3	17.1	10.2

对于现居地与原居地生活观念的差别评价，调查结果（见表6-19）显示：多数被调查者认为差别程度"一般"，比例超过55％；其次是认为差别"大"的，占近三分之一；认为差别"小"的比例相对较低，仅占12.5％。可见，多数被调查者认为现居地与原居地的生活观念存在较明显的差别。

表6-19 现居地与原居地生活观念差别评价（$N=616$）

	差别很大	差别较大	一般	差别较小	差别很小
频数	48	150	341	69	8
百分比（％）	7.8	24.4	55.3	11.2	1.3

对于现居地风俗习惯、生活观念的适应性，调查结果（见表6-20）显示：多数被调查者对现居地习俗观念能够"适应"（包括很适应和比较适应），比例超过62％；超过37％的人表示适应度"一般"；只有不足1％的人对此表示"不适应"（包括不太适应和很不适应）。可见，即使现居地与原居地在风俗习惯、生活观念上存在一些差异，但大多数移民基本上能够适应。

表6-20 对现居地习俗观念的适应性（$N=625$）

	很适应	比较适应	一般	不太适应	很不适应
频数	119	269	233	4	0
百分比（％）	19.0	43.1	37.3	0.6	0.0

（三）生活满意度状况

生活满意度状况可以构成灾害移民基本生活适应情况的一种典型反映。在此本调查具体考察了移民对搬迁前后生活境遇认知对比状况和生活满意度的主观评价状况。

调查结果（表6-21）显示：与搬迁前的生活水平对比，有接近60%的调查对象认为现在的生活水平相对提高（包括提高很大和提高较大），比认为"差不多"的高出24.5%，仅有5%左右的调查对象认为搬迁后生活水平下降，其中1%的人认为"降低较大"。

表6-21 生活水平相对搬迁前比较（$N=622$）

	提高很大	提高较大	差不多	降低较小	降低较大
频数	68	303	218	27	6
百分比（%）	10.9	48.7	35.1	4.3	1.0

与此相对应，在对当前生活满意度的主观评价中（表6-22），接近10%的调查对象表示"非常满意"，同时有接近半数（44.0%）的人表示"比较满意"，而"不太满意"的比例仅为3.2%，没有"不满意"者。

表6-22 当前生活满意度（$N=623$）

	非常满意	比较满意	一般	不太满意	不满意
频数	60	274	269	20	0
百分比（%）	9.6	44.0	43.2	3.2	0.0

（四）基本生活适应总体状况

从前述分析中可以发现，本次调查中灾害移民一般能够针对变动的环境采取一定的调适行为，在基本生活层面进行积极的适应。

在交通、孩子上学、亲戚来往、购物、看病、娱乐和社区治安环境等社区生活条件相对便利和环境水平提高的情况下，调查对象对社区环境的满意度总体偏向正面评价，虽然大部分人倾向中性回答，但满意者较不满意者的比例仍多出16%，高出2.4

倍；同时，调查对象应对有一定变动的现居地风俗习惯环境，表示"很适应"和"比较适应"的比例超过62%，仅有0.6%的人表示"不太适应"，没有"很不适应"者；此外，在大部分调查对象（59.6%）认为搬迁后生活水平有一定提高（含提高很大和提高较大）的情况下，其对生活满意度的主观评价总体倾向于肯定态度，超过半数（53.6%）的人表示满意（含非常满意和比较满意），仅有3.2%的被调查者表示"不太满意"，没有人表示"不满意"。

进一步通过式2对调查对象基本生活适应的总体状况进行加总并赋值分析，结果（表6-23）也与前述分析较为吻合：调查对象在基本生活适应总体状况中，有43%的人呈现出适应一般的中性情况，但更多的调查对象（55.6%）适应状况很好或较好，仅有1.4%的调查对象适应状况较差，同时没有适应状况很差的人。可见，调查对象在基本生活适应层面总体状况良好。

表6-23 基本生活总体适应状况（$N=565$）

	很适应	比较适应	一般	不太适应	很不适应
频数	66	248	243	8	0
百分比（%）	11.7	43.9	43.0	1.4	0.0

三、心理适应状况

心理适应内含于个体生计发展、基本生活和人际交往适应等社会适应的方方面面，同时也对这些社会适应状况产生重要的影响。由于调查前期的实地考察发现，灾害移民的心理创伤恢复等主要心理调适内容大都已经在灾后特定时间内完成，因此本次调查在问卷设计中并没有主要涉及心理适应维度，本部分对移民的心理适应内容的考察基于实证分析框架中的逻辑结构而来。涉及的问卷指标变量包括"对原居住地怀念程度""对原居住地熟人怀念程度"和"返迁意愿"。

（一）思乡状况

从数据分析结果上（表6-24）看，调查对象总体呈现出较强的思乡情绪，在原居住地怀念度指标层面，仅有7.2%的调查对象不怎么怀念原居住地，更多的人"比较怀念"（39.8%）和"非常怀念"；与这一情况类似，怀念原居住地熟人（含比较怀念和非常怀念）的调查对象比例超过83%，其人数是不怀念（含不怀念和不太怀念）者的15.8倍多。

表6-24 对原居住地及熟人怀念度（$N=623$）

		不怀念	不太怀念	一般	比较怀念	非常怀念
对原居住地怀念程度	频数	15	30	153	248	177
	百分比（%）	2.4	4.8	24.6	39.8	28.4
对原居住地熟人怀念程度	频数	9	20	135	293	166
	百分比（%）	1.4	3.2	21.7	47.0	26.7

（二）返迁意愿状况

返迁意愿状况是移民在各层面社会适应情况和诸多其他内外部因素综合作用下而直接呈现出的个体心理表现，也应是移民心理适应的一个考察重点。表6-25结果显示，有半数（50%）的调查对象表示"肯定不会"搬回原居住地，但仍然有6%左右的人表示肯定会返迁，同时有接近40%的调查对象表示"说不清（看情况）"。众所周知，在诸多外部客观条件（如原居住地破坏程度、政策等）的限制下，很多灾害移民已经不具备返迁的条件，但调查中仍然出现一定比例者有一定的返迁意愿。

表6-25　返迁意愿（$N=620$）

	肯定会	说不清（看情况）	肯定不会	没想过
频数	34	245	310	31
百分比（％）	5.5	39.5	50.0	5.0

（三）心理适应总体状况

从上述分析中可以发现，在搬迁后1至5年，调查对象总体仍然呈现出较强的思乡情绪，同时也有一定比例者（45％）表示"一定"或"可能"会返迁，说明移民在此层面的心理适应状况总体并不理想，同时，这也直接制约了根据式3计算并赋值分析的心理适应总体状况结果（表6-26）：超过71％的被调查者在思想层面的心理适应状况不理想（含不太适应和很不适应），仅有5.1％的人适应状况良好（含很适应和比较适应）。

表6-26　（思乡情绪层面的）心理适应总体状况（$N=565$）

	很适应	比较适应	一般	不太适应	很不适应
频数	8	21	132	229	175
百分比（％）	1.4	3.7	23.4	40.5	31.0

需要说明的是，灾害移民综合全面的心理适应状况可以借鉴或发展针对性的心理适应量表考察，同时也可以从调查对象对某些事物和现象的主观认知和态度层面分析。本部分的心理适应状况分析是参照根据数据分析而来的实证分析框架的构成要素，仅反映了移民在思乡情绪层面的心理适应状况而并非综合的心理适

应状况。

四、人际交往适应状况

人际交往是个体在社会中建立的一种社会关系。灾害移民的人际交往状况体现了其社会适应程度，调查主要从人际关系、社会支持、社区参与三个层面进行考察。

（一）人际关系状况

搬迁后，灾害移民的人际交往对象发生了一定的变动，周围居民（共同搬迁后集中安置的群体）以及迁入地原住民构成了灾害移民在工作和生活中产生密切关联的群体，考察灾害移民人际适应状况也应首先考察其与上述两类群体的人际互动状况。

第一，与周围居民的人际关系。调查结果（见表6-27）显示：关于"您周围居民是否是移民"问题，被调查者表示"都是"的比例最高，超过三分之一；其次是表示"多数是"的，也占近五分之一；"一半是""都不是""少数是"的比例相对较低，均占14%左右。可见，多数人的周围居民既包括移民，又包括原住民。关于"您对周围居民的认识度"问题，超过52%的人表示认得"多"（包括很多和较多，下同）；其次是认识程度"一般"的，也超过31%；表示认得"少"（包括较少和很少，下同）的比例最低，不足17%。关于"您和周围居民来往的频度"，表示来往"多"的比例最高，占近44%，比表示"一般"的高9.2%；来往"少"的比例相对稍低，占22.2%。关于"邻里关系满意度"问题，绝大多数人表示"满意"（包括非常满意和比较满意），比例超过60%；满意度"一般"的也超过三分之一；只有不足5.5%的人对此表示"不满意"（包括不太满意和很不满意）。

表6-27 与周围居民的关系

周围居民的移民率		都是	多数是	一半是	少数是	都不是	N
	频数	215	151	91	83	86	626
	百分比（%）	34.4	24.1	14.5	13.3	13.7	100.0
对周围居民认识度		认识很多	认识较多	一般	认识较少	认识很少	N
	频数	141	186	195	78	26	626
	百分比（%）	22.5	29.7	31.1	12.5	4.2	100.0
与周围居民交往度		很多	较多	一般	较少	很少	N
	频数	105	166	214	109	29	623
	百分比（%）	16.9	26.6	34.3	17.5	4.7	100.0
邻里关系满意度		非常满意	比较满意	一般	不太满意	很不满意	N
	频数	102	277	214	30	3	626
	百分比（%）	16.3	44.2	34.2	4.8	0.5	100.0

第二，与原住民的人际关系。调查结果（见表6-28）显示：绝大多数被调查者（近78%）有了原住民新朋友，远高于"没有"的。50.3%的人认为原住民对移民"热情"，比认为"一般"的高3.3%；只有2.7%的人认为"不热情"。总体上，多数被调查者（51.4%）倾向于认为与原住民关系"好"，但也有近48%的人认为关系"一般"，1.3%的人认为关系"不好"。

表6-28 与原住民的关系

有无原住民新朋友		有		没有		N
	频数	481		138		619
	百分比（%）	77.7		22.3		100.0
原住民态度		很热情	比较热情	一般	不太热情	很不热情	N
	频数	96	218	293	14	3	624
	百分比（%）	15.4	34.9	47.0	2.2	0.5	100.0

续表6-28

与原住民关系		很好	较好	一般	不太好	很不好	N
	频数	91	231	296	5	3	626
	百分比（%）	14.5	36.9	47.3	0.8	0.5	100.0

第三，不同群体人际关系的变化。"与刚搬来时相比，被调查者与不同群体之间的关系出现了怎样的变化？"调查结果（见表6-29）显示：与当地原住民的关系上，55%的人表示"差不多"，比认为"更好了"的高10.8%，只有不足1%的人认为关系"更差了"。与社区工作人员的关系上，超过57%的人认为"差不多"，比认为"更好了"的多17.2%，只有2.2%的人认为"更差了"。与邻居的关系上，50.2%的人表示"差不多"，比认为"更好了"的略高1.4%，只有1%的人认为关系"更差了"。与同事的关系上，多数被调查者表示"更好了"，比例超过52%，比认为"差不多"的高4.7%，仅有0.3%人认为关系"更差了"。与朋友的关系上，多数被调查者表示"更好了"，比例60%，比认为"差不多"的高20.3%，仅有0.3%人认为关系"更差了"。与亲戚的关系上，多数被调查者表示"更好了"，比例超过59%，比认为"差不多"的高19.9%，仅有1.1%的人认为关系"更差了"。可见，灾害移民与同事、朋友、亲戚的人际关系呈现出好的变化态势。

表6-29 与他人关系的变化（N=625）

		更好了	差不多	更差了
与当地原住民的关系	频数	276	344	5
	百分比（%）	44.2	55.0	0.8
与社区工作人员的关系	频数	252	359	14
	百分比（%）	40.3	57.5	2.2

续表6-29

		更好了	差不多	更差了
与邻居的关系	频数	305	314	6
	百分比（%）	48.8	50.2	1.0
与同事的关系	频数	326	297	2
	百分比（%）	52.2	47.5	0.3
与朋友的关系	频数	375	248	2
	百分比（%）	60.0	39.7	0.3
与亲戚的关系	频数	371	247	7
	百分比（%）	59.4	39.5	1.1

（二）社会支持状况

人际交往对个体的功能有正负之分，正向的或有益的人际交往构成对个体的社会支持。调查通过询问社会支持的基础和发挥情况来进行考察。

第一，社会支持的客观基础。亲朋好友是灾害移民社会支持客观基础的主要组成部分。调查发现，绝大多数被调查者表示自己和配偶（仅限有配偶者）有兄弟姐妹，比例分别为90.6%、88.4%；兄弟姐妹个数（除自己以外）为1～7人不等，均值分别为2.48、2.53。进一步了解亲朋好友的搬迁情况，结果（见表6-30）显示：对于"亲戚没搬迁或搬迁至其他地方"，选择"很少或没有"的比例最高，超过61%，三分之一左右的人表示"有一些"，只有5.2%的人表示"有很多"。对于"邻居朋友没搬迁或搬迁至其他地方"，61.1%的人选择"很少或没有"，比选择"有一些"的高26.7%，只有4.5%的人表示"有很多"。可见，在此方面多数灾害移民社会支持的客观基础相对较好。

第六章 灾害移民社会适应状况的现实考察

表6-30 亲朋的搬迁状况

		有很多	有一些	很少或没有	N
亲戚没搬迁或搬到其他地方的情况	频数	32	208	382	622
	百分比（%）	5.2	33.4	61.4	100.0
邻居朋友没搬迁或搬到其他地方	频数	28	213	379	620
	百分比（%）	4.5	34.4	61.1	100.0

第二，社会支持的主观基础。灾害移民向亲朋好友寻求帮助的意愿构成了其社会支持主观基础的重要内容。调查结果（见表6-31）显示：在遇到困难时愿意向亲戚寻求帮助（包括"很愿意"和"较愿意"）的人数最多，占44%，比表示"一般""不愿意"（包括"不太愿意"和"很不愿意"）的分别高7.1%、24.9%；愿意向邻居朋友寻求帮助（包括"不太愿意"和"很不愿意"）的人数也最多，占36.1%，比表示"一般""不愿意"（包括"不太愿意"和"很不愿意"）的分别高3.7%、4.6%。可见，灾害移民社会支持虽有一定主观基础，但并不理想。

表6-31 遇困难向亲朋寻求帮助的意愿

		很愿意	较愿意	一般	不太愿意	很不愿意	N
向亲戚求帮助意愿	频数	83	191	230	104	15	623
	百分比（%）	13.3	30.7	36.9	16.7	2.4	100.0
向邻居朋友求助意愿	频数	57	169	203	181	16	626
	百分比（%）	9.1	27.0	32.4	28.9	2.6	100.0

第三，社会支持的发挥。对于"搬迁后在改善家庭生活上找过哪些人帮忙"，调查结果（见表6-32）显示："找父母帮忙"的比例为17%，远低于未找的。"找兄弟姐妹帮忙"的比例相对较高，超过48%，只比未找的低3.4%。"找子女帮忙"的比例不足10.5%，远低于未找的。"找其他亲戚帮忙"者的比例相对

较低，超过29%。找"邻居朋友帮忙"的比例很低，不足6.5%。"找村/镇政府帮忙"的比例亦很低，不足9%。"找移民办公室帮忙"的比例更低，仅为2.8%。另有7.8%的人选择"其他"，大多因为没有寻求过帮助。可见，亲戚是灾害移民社会支持实际发挥作用的重要支柱。

表6-32 向哪些人寻求过帮助（$N=576$）

		父母	兄弟姐妹	子女	其他亲戚	邻居朋友	村/镇政府	移民办公室	其他
是	频数	98	278	58	169	35	49	16	45
	%	17.0	48.3	10.1	29.3	6.1	8.5	2.8	7.8
否	频数	478	298	518	407	541	527	560	531
	%	83.0	51.7	89.9	70.7	93.9	91.5	97.2	92.2

（三）社区参与状况

社区是一定区域社会成员的生活共同体，社区参与体现了社区成员自觉参加社区各类事务的过程，并反映人际交往状况。调查主要询问社区选举与代表事务参与、社区事务公开关注、干群关系评价等（与其生活联系较为密切的）基本事务参与情况。

第一，社区选举与代表参与情况。调查结果（见表6-33）显示：绝大多数人超过77%没有"参与过现居地社区委员会选举"，远高于参与过的。对于"有无移民代表在社区担任职务"，超过半数的人表示"不清楚"，超过四分之一的人选择"没有"，只有18.2%的人表示"有"。可见，灾害移民在此方面的参与度较低。

第六章 灾害移民社会适应状况的现实考察

表6-33 社区选举与代表参与情况

		有	没有	N
有无参与过现居地社区委员会选举	频数	141	483	624
	百分比（%）	22.6	77.4	100.0
		有	没有	不清楚	N
有无移民代表在社区担任职务	频数	114	170	342	626
	百分比（%）	18.2	27.2	54.6	100.0

第二，事务公开的关注情况。调查结果（见表6-34）显示：绝大多数被调查者超过63%"不清楚"所在社区是否实行事务公开的情况，另外，近28%的人明确表示"实行了"，8.8%的人表示"没实行"。而对于社区移民事务公开实行的关注，近67%的被调查者表示"不清楚"，只有近四分之一的人表示"实行了"，8.3%的人明确表示"没实行"。可见，灾害移民对此关注度不高。

表6-34 事务公开关注状况

		实行了	没实行	不清楚	N
所在社区实行社区事务公开的情况	频数	174	55	396	625
	百分比（%）	27.8	8.8	63.4	100.0
所在社区实行移民事务公开的情况	频数	156	52	418	626
	百分比（%）	24.9	8.3	66.8	100.0

第三，干群关系状况。调查结果（见表6-35）显示：半数以上的被调查者超过53%对社区干部的评价"一般"，超过三分之一的人对其评价"好"，评价"不好"的比例相对较低，仅占13.5%。绝大多数被调查者（近62%）对社区干群关系的评价"一般"；其次是评价"好"的，超过27%；评价"不好"的比

例最低，不足11.5%。可见，灾害移民对此评价度亦不高。

表6-35 干群关系状况

		很好	较好	一般	较差	很差	N
对社区干部的评价	频数	63	146	333	73	11	626
	百分比（%）	10.1	23.3	53.2	11.6	1.8	100.0
对社区干群关系的评价	频数	54	115	384	52	18	623
	百分比（%）	8.7	18.5	61.6	8.3	2.9	100.0

（四）人际交往适应总体状况

在周边居民包含原住民和移民的情况下，且亲戚和邻居朋友总体并非大部分同迁的情况下，调查对象人际交往状况较好：对于周围居民的认识度较高（"认识较多"以上者占52.2%），交往较为频繁（交往"较多"以上者占43.5%），邻里关系总体倾向满意（"非常满意"和"较满意"者占60.5%）；同时，超过77%的调查对象能够结交原住民朋友，并且与原住民保持良好的关系（50.4%），原住民对其也有较为热情的态度（50.3%）。

在遇到生活困难时，大部分调查对象一般较为愿意向亲戚（较为愿意者占44%，较不愿意者占19.1%）和邻居朋好友（较为愿意者占36.1%，较不愿意者占31.5%）寻求帮助，此外一些调查对象（11.3%）也会向政府相关部门主动寻求帮助。

在社区参与层面，有一定比例的调查对象（22.6%）已经参与过迁入地社区选举，并且有18.2%的人能够明确知晓有移民在社区担任职务，同时有27.8%的调查对象了解自己所在社区实施了事务公开措施，对社区干部和干群关系的评价虽然持中性态度，但给予积极评价的调查对象比例（分别合计33.4%和27.2%）分别高出消极评价者19.5%和16%。

结合式4对人际交往适应因子的加总和赋值分析（表6-36），超过53%的调查对象人际交往适应情况良好（含很适应和比较适应），只有不足13%的人在人际交往适应状况上不太理想（含不太适应和很不适应）。

表6-36 人际交往适应总体状况（N=565）

	很适应	比较适应	一般	不太适应	很不适应
频数	89	212	193	68	3
百分比（%）	15.8	37.5	34.2	12.0	0.5

五、移民社会适应状况的总体评价

综合对生计发展适应、基本生活适应、心理适应和人际交往适应状况表现及其相关调适行为的描述和评价，结合分别反映四个社会适应层面公因子F1、F2、F3、F4的加总和赋值结果比较（表6-37），可以得出以下结论：

首先，四个层面的社会适应状况中，生计发展适应状况、基本生活适应状况和人际交往适应状况相对较好，主要集中于思乡情绪层面的心理适应状况较差。其中，生计发展适应和基本生活适应下不存在"很不适应"者，"不太适应"者比例也分别不足5%和2%，生计发展适应状况较好者均表现为"很适应"，基本生活适应下大部分为"比较适应"者；心理适应下调查对象则多集中在"不太适应"和"很不适应"，人际交往适应下仍然存在一定比例（12.5%）的"不太适应"及"很不适应"的人。

其次，四个层面的社会适应情况对比发现，生计发展适应状况相对最好,基本生活适应和人际交往适应状况相对良好,心理适应状况相对较差。结合对均值和标准差的数据分析结果,生计发展适应状况相对最好,其均值为1.98,介于"很适应"和"比较适应"水平,但样本数据相对较为离散;其次分别为基本生活适应和人际交往适应状况,二者均值分别为2.34和2.44,介于"比较适应"和"适应一般"水平,其中基本生活适应样本数据相对更为集中;在思乡情绪层面的心理适应状况相对最差,均值为3.96,可近似认为在"不太适应"水平。

表6-37 四个维度下的社会适应状况(单位:% N=565)

	很适应	比较适应	一般	不太适应	很不适应	均值	标准差
生计发展适应	53.1	0.0	42.3	4.6	0.0	1.98	1.07
基本生活适应	11.7	43.9	43.0	1.4	0.0	2.34	0.69
心理适应	1.4	3.7	23.4	40.5	31.0	3.96	0.91
人际交往适应	15.8	37.5	34.2	12.0	0.5	2.44	0.91

注:由于赋值分析表中将变量操作为定序层次,因此表中"均值"和"标准差"列数字仅代表赋值意义,均值区间1~5分别表示"很适应""比较适应""一般""不太适应"和"不适应"。

第二节 灾害移民社会适应状况的个体差异性特征

灾害移民的社会适应状况可能由于个体自身特征不同而表现出显著的差异。本节选择其中可能与灾害移民社会适应存在相关性的因素,通过双变量的相关分析和假设检验具体考察不同自然特征和社会特征者在社会适应各环节的差异性情况,同时,这也可以为后续针对灾害移民社会适应影响因素的因果分析奠定前期分析基础。按照实证研究的基本范式，首先设定基本假设：不同自然和社会特征的灾害移民社会适应状况存在显著差异。具体假设分别为性别、年龄、民族、宗教信仰、文化程度、婚姻状况、政治面貌、职业、家庭人口数和收入不同的灾害移民，其生计发展适应、基本生活适应、心理适应和人际交往适应的状况存在显著差异。

一、生计发展适应状况的个体差异性分析

表6-38分析结果显示：

性别方面，男性中对当前生计发展状况表示"适应"（包括"很适应"和"比较适应"，下同）的比例相对较高，占近57%，比女性高6.2%。可推论总体中灾害移民的性别与其生计发展适应相关，不同性别者在此方面存在显著差异（0.05显著度水平下通过假设检验），男性的生计发展适应水平相对较好。

年龄方面，55岁以上者对当前生计发展状况表示"适应"的比例最高，占近74%；其次是35～55岁者，比例超过51%，比34岁及以下者高7.4%。可推论总体中灾害移民的年龄与其生计发展适应相关，不同年龄者在此方面存在显著的差异（0.01显著度水平下通过假设检验），年龄越大，生计发展的适应水平越好。

民族方面，汉族者中表示"适应"当前生计发展状况的比例约为56%；而少数民族者相对稍低，不足46%。虽然调查对象中不同民族者的生计发展适应状况略有差异，汉族者的适应水平相对稍高，但总体中灾害移民的民族与其生计发展适应并不存在显著的相关关系（未通过假设检验），民族不同者在生计发展适应状况上没有差异。

宗教信仰方面，绝大多数无宗教信仰者对当前生计发展状况表示"适应"，比例约为67%，比有宗教信仰者高19.8%。可推论总体中灾害移民的宗教信仰状况与其生计发展适应相关，不同宗教信仰状况者在此方面存在显著的差异（0.01显著度水平下通过假设检验），无宗教信仰者的生计发展适应水平相对较高。

受教育程度方面，受教育程度为小学及以下者对当前生计发展状况表示"适应"比例最高，超过67%；其次是大专及以上者，比例超过57%，比高中/中专/中技者高14.8%；初中者对此表示"适应"的比例最低，不足37.5%。可推论总体中灾害移民的受教育程度与其生计发展适应相关，不同受教育程度者在此方面的差异显著（0.01显著度水平下通过假设检验），初中、高中受教育程度者的生计发展适应水平相对较低。

婚姻状况方面，已婚者中对当前生计发展状况表示"适应"的比例较高，占近54%，比未婚者高14.2%；（离异、丧偶者由于样本量很小，文中不做分析，下同）。可推论总体中灾害移民的婚姻状况与其生计发展适应相关，不同婚姻状况者在此方面的差异显著（0.05显著度水平下通过假设检验），未婚者的生计发展适应水平相对较低。

政治面貌方面，中共党员对当前生计发展状况表示"适应"的比例最高，超过66%；其次是共青团员，占近55%，比群众高2.7%（其他政治面貌者由于样本量很小，文中不做分析，下同）。虽然调查对象中不同政治面貌者的生计发展适应状况略有差异，中共党员的适应水平相对稍高，但总体中差异并不显著，灾害移民的政治面貌与其生计发展适应总体并不相关（未通过假设检验）。

职业方面，机关企事业单位工作人员、私营企业工作人员对当前生计发展状况表示"适应"的人数居前两位，均占65%

左右；其次是失业、待业者，其他职业者，民营企业主/个体经营者，均占50%左右；打工（并务农）者的这个比例相对较低，不足41%（务农者和离退休人员由于样本量很小，文中不做分析，下同）。可推论总体中灾害移民的职业与其生计发展适应相关，不同职业者在此方面存在显著差异（0.01显著度下通过假设检验），机关企事业单位工作人员和私营企业工作人员的适应水平相对较高，而打工（并务农）者的适应水平相对较低。

家庭人口数方面，家庭人口数为2人者对当前生计发展状况表示"适应"的比例最高，超过68%；其次是家庭人口数为5人、6人的，均占55.5%左右；家庭人口数为4人的这个比例相对稍低，不足52%，比3人家庭高3.3%。虽然不同家庭人口数者生计发展适应的具体状况存在一些差异，但分析结果显示灾害移民的家庭人口数与其生计发展适应总体并不相关（未通过假设检验）。

收入方面，家庭平均月收入5000元及以上者对当前生计发展状况表示"适应"的比例最高，超过81%；其次是4000～4999元、3000～3999元的，均占62.5%；2000～2999元者的这个比例相对稍低，不足59%，比1000～1999元的高2.2%，而1000元以下者的这个比例更低，仅为40%。可推论总体中灾害移民的家庭平均月收入与其生计发展适应相关，不同收入者在此方面存在显著差异（0.01显著度下通过假设检验），家庭平均月收入越高，其生计发展适应水平越高。

表6-38 个人特征与生计发展适应（%）（N=565）

<table>
<tr><th colspan="2"></th><th colspan="5">生计发展适应状况</th><th></th></tr>
<tr><th colspan="2"></th><th>很适应</th><th>比较适应</th><th>一般</th><th>不太适应</th><th>很不适应</th><th></th></tr>
<tr><td rowspan="2">性别</td><td>男</td><td>56.9
(123)</td><td>0.0
(0)</td><td>41.2
(89)</td><td>1.9
(4)</td><td>0.0
(0)</td><td rowspan="2">$\tau_y=0.03$
$P<0.05$</td></tr>
<tr><td>女</td><td>50.7
(177)</td><td>0.0
(0)</td><td>43.0
(150)</td><td>6.3
(22)</td><td>0.0
(0)</td></tr>
<tr><td rowspan="3">年龄</td><td>34岁及以下</td><td>43.9
(79)</td><td>0.0
(0)</td><td>52.2
(94)</td><td>3.9
(7)</td><td>0.0
(0)</td><td rowspan="3">$G=-0.296$
$P<0.01$</td></tr>
<tr><td>35～55岁</td><td>51.3
(143)</td><td>0.0
(0)</td><td>41.9
(117)</td><td>6.8
(19)</td><td>0.0
(0)</td></tr>
<tr><td>55岁以上</td><td>73.6
(78)</td><td>0.0
(0)</td><td>26.4
(28)</td><td>0.0
(0)</td><td>0.0
(0)</td></tr>
<tr><td rowspan="2">民族</td><td>汉族</td><td>55.9
(233)</td><td>0.0
(0)</td><td>39.8
(166)</td><td>4.3
(18)</td><td>0.0
(0)</td><td rowspan="2">$\lambda=0.015$
$P<0.01$</td></tr>
<tr><td>少数民族</td><td>45.9
(67)</td><td>0.0
(0)</td><td>48.6
(71)</td><td>5.5
(8)</td><td>0.0
(0)</td></tr>
<tr><td rowspan="2">宗教信仰</td><td>有</td><td>46.9
(184)</td><td>0.0
(0)</td><td>48.8
(191)</td><td>4.3
(17)</td><td>0.0
(0)</td><td rowspan="2">$\tau_y=0.03$
$P<0.01$</td></tr>
<tr><td>无</td><td>66.7
(114)</td><td>0.0
(0)</td><td>28.0
(48)</td><td>5.3
(9)</td><td>0.0
(0)</td></tr>
<tr><td rowspan="4">受教育程度</td><td>小学及以下</td><td>67.4
(157)</td><td>0.0
(0)</td><td>30.0
(70)</td><td>2.6
(6)</td><td>0.0
(0)</td><td rowspan="4">$G=0.248$
$P<0.01$</td></tr>
<tr><td>初中</td><td>37.1
(56)</td><td>0.0
(0)</td><td>56.9
(86)</td><td>6.0
(9)</td><td>0.0
(0)</td></tr>
<tr><td>高中/中专/中技</td><td>42.3
(47)</td><td>0.0
(0)</td><td>54.1
(60)</td><td>3.6
(4)</td><td>0.0
(0)</td></tr>
<tr><td>大专及以上</td><td>57.1
(40)</td><td>0.0
(0)</td><td>32.9
(23)</td><td>10.0
(7)</td><td>0.0
(0)</td></tr>
</table>

续表6-38

<table>
<tr><th colspan="2"></th><th colspan="5">生计发展适应状况</th><th></th></tr>
<tr><th colspan="2"></th><th>很适应</th><th>比较适应</th><th>一般</th><th>不太适应</th><th>很不适应</th><th></th></tr>
<tr><td rowspan="4">婚姻状况</td><td>未婚</td><td>39.7
(29)</td><td>0.0
(0)</td><td>54.8
(40)</td><td>5.5
(4)</td><td>0.0
(0)</td><td rowspan="4">$\lambda=0.042$
$P<0.05$</td></tr>
<tr><td>已婚</td><td>53.9
(249)</td><td>0.0
(0)</td><td>41.3
(191)</td><td>4.8
(22)</td><td>0.0
(0)</td></tr>
<tr><td>离异</td><td>58.3
(7)</td><td>0.0
(0)</td><td>41.7
(5)</td><td>0.0
(0)</td><td>0.0
(0)</td></tr>
<tr><td>丧偶</td><td>83.3
(15)</td><td>0.0
(0)</td><td>16.7
(3)</td><td>0.0
(0)</td><td>0.0
(0)</td></tr>
<tr><td rowspan="4">政治面貌</td><td>中共党员</td><td>66.7
(18)</td><td>0.0
(0)</td><td>29.6
(8)</td><td>3.7
(1)</td><td>0.0
(0)</td><td rowspan="4">$\tau_y=0.04$
$P>0.05$</td></tr>
<tr><td>共青团员</td><td>54.8
(46)</td><td>0.0
(0)</td><td>40.4
(34)</td><td>4.8
(4)</td><td>0.0
(0)</td></tr>
<tr><td>群众</td><td>52.1
(228)</td><td>0.0
(0)</td><td>43.1
(189)</td><td>4.8
(21)</td><td>0.0
(0)</td></tr>
<tr><td>其他</td><td>50.0
(8)</td><td>0.0
(0)</td><td>50.0
(8)</td><td>0.0
(0)</td><td>0.0
(0)</td></tr>
<tr><td rowspan="8">职业</td><td>务农者</td><td>37.5
(6)</td><td>0.0
(0)</td><td>62.5
(10)</td><td>0.0
(0)</td><td>0.0
(0)</td><td rowspan="8">$\lambda=0.073$
$P<0.01$</td></tr>
<tr><td>打工
(并务农)者</td><td>40.9
(38)</td><td>0.0
(0)</td><td>55.9
(52)</td><td>3.2
(3)</td><td>0.0
(0)</td></tr>
<tr><td>机关企事业
单位工作人员</td><td>65.9
(29)</td><td>0.0
(0)</td><td>27.3
(12)</td><td>6.8
(3)</td><td>0.0
(0)</td></tr>
<tr><td>私营企业
工作人员</td><td>64.0
(32)</td><td>0.0
(0)</td><td>36.0
(18)</td><td>0.0
(0)</td><td>0.0
(0)</td></tr>
<tr><td>民营企业主/
个体经营者</td><td>47.6
(10)</td><td>0.0
(0)</td><td>52.4
(11)</td><td>0.0
(0)</td><td>0.0
(0)</td></tr>
<tr><td>离退休人员</td><td>100.0
(10)</td><td>0.0
(0)</td><td>0.0
(0)</td><td>0.0
(0)</td><td>0.0
(0)</td></tr>
<tr><td>失业、待业者</td><td>53.7
(158)</td><td>0.0
(0)</td><td>39.8
(117)</td><td>6.5
(19)</td><td>0.0
(0)</td></tr>
<tr><td>其他职业者</td><td>50.0
(17)</td><td>0.0
(0)</td><td>47.1
(16)</td><td>2.9
(1)</td><td>0.0
(0)</td></tr>
</table>

续表6-38

		生计发展适应状况					
		很适应	比较适应	一般	不太适应	很不适应	
家庭人口数	1人	46.2 (6)	0.0 (0)	53.8 (7)	0.0 (0)	0.0 (0)	
	2人	68.8 (33)	0.0 (0)	31.2 (15)	0.0 (0)	0.0 (0)	
	3人	48.3 (71)	0.0 (0)	42.9 (63)	8.8 (13)	0.0 (0)	$G=-0.021$ $P>0.05$
	4人	51.6 (66)	0.0 (0)	41.4 (53)	7.0 (9)	0.0 (0)	
	5人	55.7 (68)	0.0 (0)	41.0 (50)	3.3 (4)	0.0 (0)	
	6人	54.9 (45)	0.0 (0)	45.1 (37)	0.0 (0)	0.0 (0)	
	7人及以上	50.0 (8)	0.0 (0)	50.0 (8)	0.0 (0)	0.0 (0)	
家庭月收入	1000元以下	40.0 (34)	0.0 (0)	48.2 (41)	11.8 (10)	0.0 (0)	
	1000～1999元	56.6 (73)	0.0 (0)	41.1 (53)	2.3 (3)	0.0 (0)	
	2000～2999元	58.8 (50)	0.0 (0)	37.7 (32)	3.5 (3)	0.0 (0)	$G=-0.315$ $P<0.01$
	3000～3999元	62.5 (30)	0.0 (0)	37.5 (18)	0.0 (0)	0.0 (0)	
	4000～4999元	62.5 (10)	0.0 (0)	37.5 (6)	0.0 (0)	0.0 (0)	
	5000元及以上	81.8 (45)	0.0 (0)	12.7 (7)	5.5 (3)	0.0 (0)	

二、基本生活适应状况的个体差异性分析

表6-39分析结果显示：

性别方面，多数男性（超过65%）对当前基本生活状况表示"适应"，比女性高15.7%。可推论总体中灾害移民的性别与其基本生活适应相关，不同性别者在此方面存在显著差异（0.01显著度下通过假设检验），男性的基本生活适应水平相对较高。

年龄方面，55岁以上者对当前基本生活状况表示"适应"的比例最高，超过70%；其次是35~55岁者，占58%；34岁及以下者的这个比例相对稍低，不足43%。可推论总体中灾害移民的年龄与其基本生活适应相关，不同年龄者在此方面存在显著差异（0.01显著度下通过假设检验），年龄越大，其基本生活适应水平越高。

民族方面，少数民族者中对当前基本生活状况表示"适应"者占近57%，比汉族者高1.5%。可推论总体中灾害移民的民族与其基本生活适应相关，不同民族者在此方面存在显著差异（0.05显著度下通过假设检验），少数民族者的基本生活适应水平相对较高。

宗教信仰方面，无宗教信仰者对当前生计发展状况表示"适应"者占62%，比有宗教信仰者高9.4%。可推论总体中灾害移民的宗教信仰状况与其基本生活适应相关，不同宗教信仰者在此方面存在显著差异（0.01显著度下通过假设检验），无宗教信仰者的基本生活适应水平相对较高。

受教育程度方面，受教育程度为小学及以下者对当前基本生活状况表示"适应"的比例最高，超过66%，比大专及以上者高6.1%；初中者的这个比例相对稍低，不足48.5%，比高中/中专者高7.8%。可推论总体中灾害移民的受教育程度与其基本

生活适应相关，不同受教育程度者在此方面的差异显著（0.01显著度下通过假设检验），高中受教育程度者的基本生活适应水平相对较低。

婚姻状况方面，多数已婚者（近57％）对当前基本生活状况表示"适应"；而未婚者的这个比例相对较低，不足38.5％。可推论总体中灾害移民的婚姻状况与其基本生活适应相关，不同婚姻状况者在此方面存在显著差异（0.01显著度下通过假设检验），已婚者的基本生活适应水平相对更高。

政治面貌方面，绝大多数中共党员（近78％）对当前基本生活状况表示"适应"；共青团员的比例相对稍低，不足59％；群众的这个比例更低，不足41％。可推论总体中灾害移民的政治面貌与其基本生活适应相关，不同政治面貌者在此方面存在显著差异（0.01显著度下通过假设检验），中共党员的基本生活适应水平更高。

职业方面，机关企事业单位工作人员、其他职业者对当前基本生活状况表示"适应"的人数居前两位，均占68％左右；其次是务农者、私营企业工作人员，失业、待业者，均占60％左右；民营企业主/个体经营者的这个比例相对较低，不足43％；打工（并务农）的比例更低，不足30.5％。可推论总体中灾害移民的职业与其基本生活适应相关，不同职业者在此方面的差异显著（0.01显著度下通过假设检验），机关企事业单位工作人员的适应水平相对更高，而打工（并务农）者的适应水平相对更低。

家庭人口数方面，家庭人口数为2人者对当前基本生活状况表示"适应"的比例最高，超过62％；其次是家庭人口数为6人、3人的，均占59％左右；家庭人口数为5人的这个比例相对稍低，不足53.5％，比4人家庭高4.8％。虽然调查对象中不同家庭人口数者基本生活适应的具体状况存在一定差异，但总体中灾害移民的家庭人口数与其基本生活适应不相关（未通过假设检验），不同家庭人口数者其基本生活适应状况无显著差异。

收入方面，家庭平均月收入为 3000～3999 元者对当前基本生活状况表示"适应"的比例最高，占近 90%；其次是 5000 元及以上者，超过 63.5%，比 1000～1999 元、2000～2999 元者分别高 6.2%、10.6%；而 1000 元以下者的这个比例相对较低，不足 39%。可推论总体中灾害移民的家庭平均月收入与其基本生活适应相关，不同收入者在此方面的差异显著（0.01 显著度下通过假设检验），家庭月收入低者的基本生活适应水平亦相对较低。

表 6-39 个人特征与基本生活适应（%）（$N=565$）

		基本生活适应状况					
		很适应	比较适应	一般	不太适应	很不适应	
性别	男	12.5 (27)	52.8 (114)	34.7 (75)	0.0 (0)	0.0 (0)	$\lambda=0.107$ $P<0.01$
	女	11.2 (39)	38.4 (134)	48.1 (168)	2.3 (8)	0.0 (0)	
年龄	34 岁及以下	5.6 (10)	37.2 (67)	56.1 (101)	1.1 (2)	0.0 (0)	$G=-0.307$ $P<0.01$
	35～55 岁	13.6 (38)	44.4 (124)	39.8 (111)	2.2 (6)	0.0 (0)	
	55 岁以上	17.0 (18)	53.8 (57)	29.2 (31)	0.0 (0)	0.0 (0)	
民族	汉族	13.7 (57)	41.7 (174)	42.7 (178)	1.9 (8)	0.0 (0)	$\lambda=0.013$ $P<0.05$
	少数民族	6.2 (9)	50.7 (74)	43.1 (63)	0.0 (0)	0.0 (0)	

续表6-39

		基本生活适应状况					
		很适应	比较适应	一般	不太适应	很不适应	
宗教信仰	有	11.0 (43)	41.6 (163)	46.9 (184)	0.5 (2)	0.0 (0)	$\lambda=0.067$ $P<0.01$
	无	12.3 (21)	49.7 (85)	34.5 (59)	3.5 (6)	0.0 (0)	
受教育程度	小学及以下	15.0 (35)	51.1 (119)	31.3 (73)	2.6 (6)	0.0 (0)	$G=0.195$ $P<0.01$
	初中	13.2 (20)	35.1 (53)	51.7 (78)	0.0 (0)	0.0 (0)	
	高中/中专	3.6 (4)	36.9 (41)	59.5 (66)	0.0 (0)	0.0 (0)	
	大专及以上	10.0 (7)	50.0 (35)	37.1 (26)	2.9 (2)	0.0 (0)	
婚姻状况	未婚	4.1 (3)	34.3 (25)	58.9 (43)	2.7 (2)	0.0 (0)	$\lambda=0.057$ $P<0.05$
	已婚	12.3 (57)	44.6 (206)	41.8 (193)	1.3 (6)	0.0 (0)	
	离异	25.0 (3)	58.3 (7)	16.7 (2)	0.0 (0)	0.0 (0)	
	丧偶	16.7 (3)	55.5 (10)	27.8 (5)	0.0 (0)	0.0 (0)	
政治面貌	中共党员	18.5 (5)	59.3 (16)	22.2 (6)	0.0 (0)	0.0 (0)	$\lambda=0.082$ $P<0.01$
	共青团员	4.8 (4)	35.7 (30)	57.1 (48)	2.4 (2)	0.0 (0)	
	群众	13.0 (57)	45.2 (198)	40.4 (177)	1.4 (6)	0.0 (0)	
	其他	0.0 (0)	25.0 (4)	75.0 (12)	0.0 (0)	0.0 (0)	

续表6-39

		基本生活适应状况					
		很适应	比较适应	一般	不太适应	很不适应	
职业	务农者	18.8 (3)	43.7 (7)	37.5 (6)	0.0 (0)	0.0 (0)	$\lambda=0.073$ $P<0.01$
	打工（并务农）者	2.2 (2)	27.9 (26)	66.7 (62)	3.2 (3)	0.0 (0)	
	机关企事业单位工作人员	11.4 (5)	56.8 (25)	31.8 (14)	0.0 (0)	0.0 (0)	
	私营企业工作人员	12.0 (6)	48.0 (24)	40.0 (20)	0.0 (0)	0.0 (0)	
	民营企业主/个体经营者	19.1 (4)	23.8 (5)	57.1 (12)	0.0 (0)	0.0 (0)	
	离退休人员	60.0 (6)	40.0 (4)	0.0 (0)	0.0 (0)	0.0 (0)	
	失业、待业者	11.6 (34)	47.6 (140)	39.1 (115)	1.7 (5)	0.0 (0)	
	其他职业者	17.6 (6)	50.0 (17)	32.4 (11)	0.0 (0)	0.0 (0)	
家庭人口数	1人	23.1 (3)	53.8 (7)	23.1 (3)	0.0 (0)	0.0 (0)	$G=0.042$ $P>0.05$
	2人	6.3 (3)	56.2 (27)	37.5 (18)	0.0 (0)	0.0 (0)	
	3人	12.2 (18)	46.3 (68)	38.1 (56)	3.4 (5)	0.0 (0)	
	4人	7.8 (10)	40.6 (52)	49.2 (63)	2.4 (3)	0.0 (0)	
	5人	13.9 (17)	39.4 (48)	46.7 (57)	0.0 (0)	0.0 (0)	
	6人	14.7 (12)	45.1 (37)	40.2 (33)	0.0 (0)	0.0 (0)	
	7人及以上	0.0 (0)	37.5 (6)	62.5 (10)	0.0 (0)	0.0 (0)	

续表6-39

		基本生活适应状况					
		很适应	比较适应	一般	不太适应	很不适应	
家庭月收入	1000元以下	7.0 (6)	31.8 (27)	55.3 (47)	5.9 (5)	0.0 (0)	$G=-0.210$ $p<0.01$
	1000~1999元	15.5 (20)	41.9 (54)	42.6 (55)	0.0 (0)	0.0 (0)	
	2000~2999元	15.3 (13)	37.7 (32)	43.5 (37)	3.5 (3)	0.0 (0)	
	3000~3999元	12.5 (6)	77.1 (37)	10.4 (5)	0.0 (0)	0.0 (0)	
	4000~4999元	0.0 (0)	43.8 (7)	56.2 (9)	0.0 (0)	0.0 (0)	
	5000元及以上	16.3 (9)	47.3 (26)	36.4 (20)	0.0 (0)	0.0 (0)	

三、心理适应状况的个体差异性分析

表6-40分析结果显示：

性别方面，女性中表示当前心理上"不适应"（包括"不太适应"和"很不适应"，下同）的比例较高，超过72%，比男性高1.9%。可推论总体中灾害移民的性别与其心理适应相关，不同性别者在此方面存在显著差异（0.01显著度下通过假设检验），女性的心理适应水平相对更低。

年龄方面，35~55岁者表示当前心理上"不适应"的比例最高，超过77%；其次是55岁以上者，占近68%；34岁及以下者的这个比例相对稍低，不足65%。可推论总体中灾害移民的年龄与其心理适应相关，不同年龄者在此方面显示出显著差异（0.01显著度下通过假设检验），年轻人（34岁及以下者）的心

第六章 灾害移民社会适应状况的现实考察

理适应水平相对较高。

民族方面，少数民族者中表示当前心理上"不适应"的比例超过75%，比汉族者高5.3%。虽然调查对象中不同民族者的心理适应状况略有差异，少数民族者的适应水平相对更低，但可推论总体中灾害移民的民族与其心理适应不相关（未通过假设检验）。

宗教信仰方面，无宗教信仰者中表示当前心理上"不适应"的比例较高，占近78%，比有宗教信仰者高9.1%。可推论总体中灾害移民的宗教信仰状况与其心理适应相关，不同宗教信仰状况者在此方面存在显著差异（0.01显著度下通过假设检验），无宗教信仰者的心理适应水平相对较低。

受教育程度方面，受教育程度为初中者表示当前心理上"不适应"的比例最高，超过76%，比小学及以下者高2.7%；而高中/中专/中技者的这个比例相对稍低，不足68%，比大专及以上者高6.1%。可推论总体中灾害移民的受教育程度与其心理适应相关，不同受教育程度者在此方面有显著差异（0.01显著度下通过假设检验），受教育程度低者的心理适应水平低。

婚姻状况方面，已婚者中表示当前心理上"不适应"的比例占72.9%，比未婚姻的这个比例高11.2%。可推论总体中灾害移民的婚姻状况与其心理适应（通过检验）相关，不同婚姻状况者的心理适应状况存在显著差异（0.01显著度下通过假设检验），未婚者的心理适应水平相对更低。

政治面貌方面，中共党员、群众中表示当前心理上"不适应"的人数居前两位，均占74%左右；共青团员的这个比例相对稍低，不足62%。可推论总体中灾害移民的政治面貌与其心理适应相关，不同政治面貌者在此方面存在显著差异（0.01显著度下通过假设检验），共青团员的心理适应水平相对稍高。

职业方面，民营企业主/个体经营者，失业、待业者中表示当前心理上"不适应"的人数居前两位，均占76%左右；其次是其他职业者、打工（并务农）者，均占69%左右；机关企事业单位工作人员的这个比例相对稍低，占59%；私营企业工作人员的比例更低，占到52%。可推论总体中灾害移民的职业与其心理适应相关，不同职业者在此方面存在显著差异（0.01显著度下通过假设检验），民营企业主/个体经营者，失业、待业者的心理适应水平相对更低。

家庭人口数方面，家庭人口数为5人者表示当前心理上"不适应"的比例最高，占82%；其次是家庭人口数为6人的，占近70%，比4人家庭、3人家庭、2人家庭分别高1.5%、5.6%、2.9%。可见，灾害移民的家庭人口数与其心理适应相关，不同家庭人口规模者在此方面的差异显著（0.01显著度下通过假设检验），家庭人口规模小者的心理适应水平相对更低。

收入方面，家庭月收入1000元以下、2000～2999元、3000～3999元者表示当前心理上"不适应"的人数比例居前三位，均占73%左右；其次是1000～1999元者，人数比率也超过67%，比5000元及以上者高3.8%；4000～4999元者的这个比例最低，不足56.5%。可推论总体中收入与心理适应相关，不同收入者的心理适应水平存在显著差异（0.01显著度下通过假设检验），家庭平均月收入低者的心理适应水平低。

表6-40　个人特征与心理适应（%）（N=565）

		心理适应状况					
		很适应	比较适应	一般	不太适应	很不适应	
性别	男	3.7(8)	5.6(12)	20.4(44)	36.1(78)	34.2(74)	$\tau_y=0.04$ $P<0.01$
	女	0.0(0)	2.6(9)	25.2(88)	43.3(151)	28.9(101)	

续表6-40

		心理适应状况					
		很适应	比较适应	一般	不太适应	很不适应	
年龄	34岁及以下	1.1 (2)	5.6 (10)	28.9 (52)	33.9 (61)	30.5 (55)	$G=0.070$ $P<0.01$
	35～55岁	1.1 (3)	1.8 (5)	19.7 (55)	48.4 (135)	29.0 (81)	
	55岁以上	2.8 (3)	5.7 (6)	23.6 (25)	31.1 (33)	36.8 (39)	
民族	汉族	1.2 (5)	4.6 (19)	24.2 (101)	38.6 (161)	31.4 (131)	$\lambda=0.000$ $P>0.05$
	少数民族	2.1 (3)	1.4 (2)	21.2 (31)	45.2 (66)	30.1 (44)	
宗教信仰	有	2.0 (8)	4.8 (19)	24.6 (96)	41.8 (164)	26.8 (105)	$\lambda=0.009$ $P<0.01$
	无	0.0 (0)	1.2 (2)	21.1 (36)	38.0 (65)	39.7 (68)	
受教育程度	小学及以下	0.0 (0)	3.9 (9)	22.7 (53)	42.1 (98)	31.3 (73)	$G=-0.096$ $P<0.01$
	初中	4.0 (6)	3.3 (5)	16.6 (25)	37.7 (57)	38.4 (58)	
	高中/中专/中技	1.8 (2)	1.8 (2)	28.8 (32)	42.4 (47)	25.2 (28)	
	大专及以上	0.0 (0)	7.1 (5)	31.4 (22)	38.6 (27)	22.9 (16)	
婚姻状况	未婚	0.0 (0)	8.2 (6)	30.1 (22)	32.9 (24)	28.8 (21)	$\lambda=0.007$ $P<0.01$
	已婚	1.7 (8)	2.2 (10)	23.2 (107)	41.5 (192)	31.4 (145)	
	离异	0.0 (0)	16.7 (2)	0.0 (0)	50.0 (6)	33.3 (4)	
	丧偶	0.0 (0)	16.7 (3)	16.7 (3)	38.9 (7)	27.7 (5)	

续表6－40

		心理适应状况					
		很适应	比较适应	一般	不太适应	很不适应	
政治面貌	中共党员	0.0 (0)	3.7 (1)	22.2 (6)	26.0 (7)	48.1 (13)	$\lambda=0.018$ $P<0.01$
	共青团员	2.4 (2)	9.5 (8)	26.2 (22)	33.3 (28)	28.6 (24)	
	群众	1.4 (6)	2.7 (12)	21.9 (96)	42.5 (186)	31.5 (138)	
	其他	0.0 (0)	0.0 (0)	50.0 (8)	50.0 (8)	0.0 (0)	
职业	务农者	0.0 (0)	0.0 (0)	18.8 (3)	50.0 (8)	31.2 (5)	$\lambda=0.051$ $P<0.01$
	打工（并务农）者	2.2 (2)	4.3 (4)	25.8 (24)	31.2 (29)	36.5 (34)	
	机关企事业单位工作人员	0.0 (0)	2.3 (1)	38.7 (17)	29.5 (13)	29.5 (13)	
	私营企业工作人员	6.0 (3)	12.0 (6)	30.0 (15)	30.0 (15)	22.0 (11)	
	民营企业主/个体经营者	0.0 (0)	0.0 (0)	23.8 (5)	23.8 (5)	52.4 (11)	
	离退休人员	0.0 (0)	0.0 (0)	0.0 (0)	40.0 (4)	60.0 (6)	
	失业、待业者	1.0 (3)	3.4 (10)	19.8 (58)	46.9 (138)	28.9 (85)	
	其他职业者	0.0 (0)	0.0 (0)	29.4 (10)	41.2 (14)	29.4 (10)	

第六章 灾害移民社会适应状况的现实考察

续表6-40

		心理适应状况					
		很适应	比较适应	一般	不太适应	很不适应	
家庭人口数	1人	0.0 (0)	0.0 (0)	15.4 (2)	46.2 (6)	38.4 (5)	$G=0.044$ $P<0.01$
	2人	0.0 (0)	4.2 (2)	29.2 (14)	35.4 (17)	31.2 (15)	
	3人	2.0 (3)	8.2 (12)	25.9 (38)	33.3 (49)	30.6 (45)	
	4人	0.0 (0)	3.1 (4)	28.9 (37)	32.8 (42)	35.2 (45)	
	5人	4.1 (5)	0.0 (0)	13.9 (17)	54.1 (66)	27.9 (34)	
	6人	0.0 (0)	3.7 (3)	26.8 (22)	45.1 (37)	24.4 (20)	
	7人及以上	0.0 (0)	0.0 (0)	12.5 (2)	37.5 (6)	50.0 (8)	
家庭月收入	1000元以下	2.4 (2)	10.6 (9)	14.1 (12)	41.1 (35)	31.8 (27)	$G=-0.012$ $P<0.01$
	1000～1999元	4.7 (6)	5.4 (7)	22.5 (29)	34.1 (44)	33.3 (43)	
	2000～2999元	0.0 (0)	2.4 (2)	24.7 (21)	37.6 (32)	35.3 (30)	
	3000～3999元	0.0 (0)	0.0 (0)	27.1 (13)	35.4 (17)	37.5 (18)	
	4000～4999元	0.0 (0)	0.0 (0)	43.7 (7)	18.8 (3)	37.5 (6)	
	5000元及以上	0.0 (0)	0.0 (0)	36.4 (20)	43.6 (24)	20.0 (11)	

四、人际交往适应状况的个体差异性分析

表 6-41 分析结果显示：

性别方面，多数男性对当前人际交往状况表示"适应"，比例超过 61%，比女性高 12.7%。可推论总体中灾害移民的性别与其人际交往适应相关，不同性别者在此方面的差异显著（0.01 显著度下通过假设检验），男性的人际交往适应水平相对较高。

年龄方面，55 岁以上者对当前生计发展状况表示"适应"的比例最高，占近 75%；35~55 岁者的比例相对稍低，占 58%；34 岁及以下者最低，仅占三分之一。可推论总体中灾害移民的年龄与其人际交往适应相关，不同年龄者在此方面的差异显著（0.01 显著度下通过假设检验），年龄越大，其人际交往适应水平越高。

民族方面，汉族者中表示"适应"当前人际交往状况的比例超过 55%，比少数民族者高 7.5%。可推论总体中灾害移民的民族与其人际交往适应相关，不同民族者在此方面存在显著差异（0.01 显著度下通过假设检验），汉族者的人际交往适应水平相对较高。

宗教信仰方面，绝大多数无宗教信仰者对当前人际交往状况表示"适应"，占近 68%；而有宗教信仰者的这个比例相对较低，不足 47%。可推论总体中灾害移民的宗教信仰状况与其人际交往适应相关，不同宗教信仰状况者在此方面存在显著差异（0.01 显著度下通过假设检验），无宗教信仰者的人际交往适应水平相对较高。

受教育程度方面，绝大多数受教育程度为小学及以下者对当前生计发展状况表示"适应"，比例超过 69%；初中者的这个比例相对稍低，占 49%；大专及以上、高中/中专/中技者的比例

更低，均占36.5%左右。可推论总体中灾害移民的受教育程度与其人际交往适应相关，不同受教育程度者在此方面的差异显著（0.01显著度下通过假设检验），受教育程度低者的人际交往适应水平相对较低。

婚姻状况方面，超过半数的已婚者对当前人际交往状况表示"适应"，占近56%；而未婚者的这个比例相对较低，不足34.5%。可推论总体中灾害移民的婚姻状况与其人际交往适应相关；不同婚姻状况者在此方面的差异显著（0.01显著度下通过假设检验），已婚者的人际交往适应水平相对较高。

政治面貌方面，中共党员对当前生计发展状况表示"适应"的比例最高，占近60%，比群众高3.8%；共青团员的这个比例相对稍低，不足41%。虽然调查对象中不同政治面貌者的人际交往适应状况略有差异，但总体中灾害移民的政治面貌与其人际交往适应不相关（未通过检验）。

职业方面，失业、待业者对当前人际发展状况表示"适应"的比例最高，占近60%；其次是其他职业者、打工（并务农）者、私营企业工作人员，均占49%左右；民营企业主/个体经营者的这个比例相对较低，不足43%，比机关企事业单位工作人员高4.3%。可推论总体中灾害移民的职业与其人际交往适应相关，不同职业者在此方面存在显著差异（0.01显著度下通过假设检验），失业、待业者的人际交往适应水平相对较高，而机关企事业单位工作人员的适应水平则相对较低。

家庭人口数方面，家庭人口数为2人者对当前生计发展状况表示"适应"的比例最高，超过60%；其次是家庭人口数为5人、6人、3人的，均占55%左右；家庭人口数为4人的比例最低，不足47%。可推论总体中灾害移民的家庭人口数与其人际交往适应相关，不同家庭人口数者在此方面存在显著差异（0.01显著度下通过假设检验），家庭规模越大，其人际交往适应水平越低。

收入方面,家庭平均月收入5000元及以上者对当前人际发展状况表示"适应"的比例最高,超过67%;其次是4000～4999元、1000～1999元者,均占61.5%左右;1000元以下者的这个比例相对稍低,占54.1%,比3000～3999元者高4.1%;2000～2999元者的这个比例最低,仅为40%。可推论总体中灾害移民的家庭平均月收入与其人际交往适应相关,不同收入者在此方面存在显著差异(0.01显著度下通过假设检验),家庭月收入高者的人际交往适应水平相对较高。

表6-41 个人特征与人际交往适应(%)(N=565)

		人际交往适应状况					
		很适应	比较适应	一般	不太适应	很不适应	
性别	男	19.5 (42)	41.7 (90)	31.9 (69)	6.9 (15)	0.0 (0)	$\lambda=0.006$ $P<0.01$
	女	13.5 (47)	35.0 (122)	35.5 (124)	15.2 (53)	0.8 (3)	
年龄	34岁及以下	8.3 (15)	25.0 (45)	50.6 (91)	16.1 (29)	0.0 (0)	$G=-0.358$ $P<0.01$
	35～55岁	18.6 (52)	39.4 (110)	28.0 (78)	12.9 (36)	1.1 (3)	
	55岁以上	20.8 (22)	53.8 (57)	22.6 (24)	2.8 (3)	0.0 (0)	
民族	汉族	18.0 (75)	37.4 (156)	34.3 (143)	9.6 (40)	0.7 (3)	$\tau_y=0.05$ $P<0.01$
	少数民族	9.6 (14)	38.3 (56)	32.9 (48)	19.2 (28)	0.0 (0)	
宗教信仰	有	10.2 (40)	36.5 (143)	39.0 (153)	14.3 (56)	0.0 (0)	$\lambda=0.028$ $P<0.01$
	无	27.5 (47)	40.3 (69)	23.4 (40)	7.0 (12)	1.8 (3)	

续表6-41

		人际交往适应状况					
		很适应	比较适应	一般	不太适应	很不适应	
受教育程度	小学及以下	22.3 (52)	46.8 (109)	23.2 (54)	6.4 (15)	1.3 (3)	$G=0.336$ $P<0.01$
	初中	14.6 (22)	34.4 (52)	39.1 (59)	11.9 (18)	0.0 (0)	
	高中/中专/中技	9.9 (11)	26.1 (29)	46.0 (51)	18.0 (20)	0.0 (0)	
	大专及以上	5.7 (4)	31.4 (22)	41.5 (29)	21.4 (15)	0.0 (0)	
婚姻状况	未婚	11.0 (8)	23.3 (17)	45.2 (33)	20.5 (15)	0.0 (0)	$\lambda=0.059$ $P<0.01$
	已婚	16.2 (75)	39.2 (181)	32.5 (150)	11.5 (53)	0.6 (3)	
	离异	25.0 (3)	16.7 (2)	58.3 (7)	0.0 (0)	0.0 (0)	
	丧偶	16.7 (3)	66.6 (12)	16.7 (3)	0.0 (0)	0.0 (0)	
政治面貌	中共党员	14.8 (4)	44.5 (12)	37.0 (10)	3.7 (1)	0.0 (0)	$\lambda=0.018$ $P>0.05$
	共青团员	7.2 (6)	33.3 (28)	47.6 (40)	11.9 (10)	0.0 (0)	
	群众	17.1 (75)	38.4 (168)	30.8 (135)	13.0 (57)	0.7 (3)	
	其他	25.0 (4)	25.0 (4)	50.0 (8)	0.0 (0)	0.0 (0)	

续表6-41

		人际交往适应状况					
		很适应	比较适应	一般	不太适应	很不适应	
职业	务农者	18.8 (3)	18.8 (3)	62.4 (10)	0.0 (0)	0.0 (0)	$\lambda=0.043$ $P<0.01$
	打工(并务农)者	4.3 (4)	44.1 (41)	43.0 (40)	8.6 (8)	0.0 (0)	
	机关企事业单位工作人员	6.8 (3)	31.8 (14)	38.7 (17)	22.7 (10)	0.0 (0)	
	私营企业工作人员	6.0 (3)	42.0 (21)	28.0 (14)	24.0 (12)	0.0 (0)	
	民营企业主/个体经营者	4.8 (1)	38.1 (8)	38.1 (8)	19.0 (4)	0.0 (0)	
	离退休人员	30.0 (3)	40.0 (4)	30.0 (3)	0.0 (0)	0.0 (0)	
	失业、待业者	22.8 (67)	37.1 (109)	27.5 (81)	11.6 (34)	1.0 (3)	
	其他职业者	14.7 (5)	35.3 (12)	50.0 (17)	0.0 (0)	0.0 (0)	
家庭人口数	1人	23.1 (3)	30.8 (4)	38.4 (5)	7.7 (1)	0.0 (0)	$G=-0.036$ $P<0.01$
	2人	12.5 (6)	47.9 (23)	27.1 (13)	12.5 (6)	0.0 (0)	
	3人	15.6 (23)	37.4 (55)	28.6 (42)	18.4 (27)	0.0 (0)	
	4人	15.6 (20)	31.3 (40)	37.5 (48)	13.3 (17)	2.3 (3)	
	5人	13.9 (17)	42.6 (52)	38.5 (47)	5.0 (6)	0.0 (0)	
	6人	17.1 (14)	36.6 (30)	39.0 (32)	7.3 (6)	0.0 (0)	
	7人及以上	18.8 (3)	50.0 (8)	0.0 (0)	31.2 (5)	0.0 (0)	

续表6-41

		人际交往适应状况					
		很适应	比较适应	一般	不太适应	很不适应	
家庭月收入	1000元以下	17.6 (15)	36.5 (31)	27.1 (23)	18.8 (16)	0.0 (0)	
	1000~1999元	24.0 (31)	36.5 (47)	24.0 (31)	15.5 (20)	0.0 (0)	
	2000~2999元	16.5 (14)	23.5 (20)	51.8 (44)	4.7 (4)	3.5 (3)	$G=-0.010$ $P<0.01$
	3000~3999元	20.8 (10)	29.2 (14)	31.2 (15)	18.8 (9)	0.0 (0)	
	4000~4999元	18.8 (3)	43.7 (7)	0.0 (0)	37.5 (6)	0.0 (0)	
	5000元及以上	14.5 (8)	52.7 (29)	27.3 (15)	5.5 (3)	0.0 (0)	

五、灾害移民社会适应差异性分析的主要结论

综合上述对灾害移民个体特征与其社会适应状况的双变量相关分析和假设检验结果，本次调查发现不同特征的个体其四个方面的社会适应状况总体存在显著差异，可以验证本节开始做出的"不同自然和社会特征的灾害移民社会适应状况存在显著差异"这一基本假设。具体假设验证情况及直接结论如下：

第一，灾害移民的性别与其社会适应状况相关。不同性别者在社会适应四个方面存在显著差异，男性的生计发展适应、基本生活适应、心理适应、人际交往适应水平均更高，而女性则均更低。

第二，灾害移民的年龄与其社会适应状况相关。不同年龄者在社会适应四个方面存在显著差异，年龄大者的生计发展适应、

基本生活适应、人际交往适应水平呈现上升趋势，而年轻人的心理适应水平则相对更高。

第三，灾害移民的民族与其社会适应状况部分相关。不同民族者在基本生活适应、人际交往适应方面存在显著差异，少数民族者的基本生活适应水平稍高，而汉族者的人际交往适应水平更高。不同民族者在生计发展适应、心理适应方面无显著差异。

第四，灾害移民的宗教信仰与其社会适应状况相关。不同宗教信仰者在社会适应四个方面存在显著差异，无宗教信仰者的生计发展适应、基本生活适应、人际交往适应水平均较高，而心理适应水平较低。

第五，灾害移民的受教育程度与其社会适应状况相关。不同受教育程度者在社会适应四个方面存在显著差异，大专及以上者的生计发展适应、基本生活适应水平更高，而受教育程度较低者的心理适应、人际交往适应水平较低。

第六，灾害移民的婚姻状况与其社会适应状况相关。不同婚姻状况者在社会适应四个方面存在显著差异，已婚者的生计发展适应、基本生活适应、人际交往适应水平均较高，而心理适应水平较低。

第七，灾害移民的政治面貌与其社会适应状况部分相关。不同政治面貌者在基本生活适应、心理适应方面存在显著差异，中共党员的基本生活适应水平更高，而共青团员的心理适应水平更高。不同政治面貌者在生计发展适应、人际交往适应方面无显著差异。

第八，灾害移民的职业与其社会适应状况相关。不同职业者在社会适应四个方面存在显著差异，机关企事业单位工作人员和私营企业工作人员的生计发展适应、基本生活适应、心理适应水平较高（但人际交往适应水平相对较低），打工（并务农）者的生计发展适应、基本生活适应水平均较低，失业、待业者的人际交往适应水平较高（但心理适应水平则较低）。

第九，灾害移民的家庭人口数与其社会适应状况部分相关。不同家庭人口数者在心理适应、人际交往适应方面存在显著差异，家庭人口规模越大者，心理适应水平越低，但人际交往适应水平越高，不同家庭人口数者在生计发展适应、基本生活适应方面无显著差异。

第十，灾害移民的收入与其社会适应状况相关。不同家庭月收入者在社会适应四个方面存在显著差异，家庭月收入越高者，实务生计发展适应、基本生活适应、心理适应、人际交往适应水平均越高，反之亦然。

综上所述，本节在验证研究假设的同时也对灾害移民社会适应状况的个体差异性特征做出了直观的统计学判断。上述结论有助于为进一步深入发现和剖析灾害移民社会适应状况中存在的问题提供客观现实依据，同时也为后续相关研究的拓展和深化做出一定的研究准备。

第三节 灾害移民社会适应状况中呈现的问题

对调查数据的量化分析结果显示，灾害移民在生计发展、基本生活、心理和人际交往适应层面表现出的状况总体处于一个良好的水平；同时，调查中发现，灾害移民社会适应所呈现出的具体状态和差异性特征也存在众多不足之处，结合对15例个案的深度访谈，灾害移民社会适应的突出问题在一定程度上具体地显露出来。

一、生计发展适应问题

根据本次调查的结果分析发现，当前灾害移民生计发展适应中存在的问题主要为：一是对生计发展层面的心理调适状况较差，二是在生计发展中存在资金和就业两个最主要的困难，三是生计技能掌握情况较差。

首先，总体来看，仍然有5%左右的调查对象在生计发展层面适应性较差，搬迁后的失业、待业者比例超过52%，在此情况下，接近8%的调查对象欠缺收入提高的信心，同时约10%的调查对象没有考虑过主动采取有效手段提高收入。这些量化数据在一定程度上能够反映出一部分灾害移民并没有针对新的环境采取有效的生计发展调适行为，其生计发展适应状况堪忧。通过对访谈资料的分析，也可以发现部分移民确实抱有"得过且过"的心态，消极应对自身的未来生计发展：

> "有房子住，平时打打零工，没事耍一下……提高收入？没想过，钱嘛，差不多够用就行，还能追求什么？"（访谈资料整理0202）

有人也曾考虑过主动寻求生计发展的途径，但可能是由于缺乏行动力或者其他因素的制约而现在放弃了这一想法：

> "总体收入比搬迁前少了，现在最大的问题是缺钱……考虑过出去打工，也想学点啥子，就是没去……以后的事情以后再说嘛，想那么多也没啥用，看情况吧。"（访谈资料整理0105）

其次，从问卷调查和个案访谈结果的综合分析来看，就业困难和资金缺乏已经成为移民良好生计发展适应的最大障碍。通过图6-1的分析，此次问卷调查对象中，选择"资金"和"就业"

是其目前生活面临的主要困难的人分别占到59.7%和42.0%。

		响应		个案百分比
		N	百分比	
主要生活困难[a]	目前生活面临的主要困难：资金	364	42.2%	59.7%
	目前生活面临的主要困难：就业	256	29.7%	42.0%
	目前生活面临的主要困难：生活环境	30	3.5%	4.9%
	目前生活面临的主要困难：亲朋往来	60	7.0%	9.8%
	目前生活面临的主要困难：周边居民关系	11	1.3%	1.8%
	目前生活面临的主要困难：生活技能	82	9.5%	13.4%
	目前生活面临的主要困难：原住民态度	10	1.2%	1.6%
	目前生活面临的主要困难：其他或没有	49	5.7%	8.0%
总计		862	100.0%	141.3%

a：值为1时制表的二分组。

图6-1 "生活困难"多选题结果分析示意图

部分移民曾积极寻求更有效的生计发展方式，但因环境因素的制约而未能如愿，资金缺乏是其生计发展适应中存在的主要问题。

个案A：男，61岁，震前开农家乐，家庭收入和生活水平状况相对较好，地震导致其贷款建设的农家乐房子损毁严重，在政府的动员下以投亲靠友的方式迁居，现子女均外出打工，与妻子留守，自我感觉适合做生意，迁居后曾主动想方设法发展生计，但由于迁居地环境因素制约而不能重操旧业，其他小本经营的生意途径也感觉不太合适，又由于年龄较大，只能赋闲在家，目前自我评价生活水平在当地处于偏下，无稳定收入来源，生活靠子女和亲朋接济。缺乏资金是其认定的最大生计发展适应问题。

最后，生计技能掌握是考察灾害移民生计发展适应的一个重要因素，其也直接制约移民生计发展适应的总体状况。本次问卷调查中（表6-8），虽然有接近37%的调查对象表示掌握了较多的技能，但同时也有超过63%的调查对象表示掌握"一般"以下，部分调查对象没有掌握任何生计技能和掌握较少，暂且不论是何种原因导致这一现象的存在，但生计技能掌握状况较差已经成为当前灾害移民生计发展适应中存在的突出问题。图6-1显示有13.4%的问卷调查对象认为升级技能是其当前生活面临的主要困难。15例个案访谈中，也有9人明确表示自身的确缺乏针对新环境的生计发展技能，5人表示虽然会一些新的技能，但并不能满足当前的生计发展需要，"找钱"（谋生）的方法相对还是有点少。

　　个案B：女，47岁，与子女分开生活，移民前务农，没有其他生计技能，现处于无业状态，丈夫在地震中伤残，目前家庭月收入不足1000元，生计状况相对较差，自己接受过一些社会机构提供的生计技能培训服务，但自我表述为"没太大作用""闲着没事一起去学一下，也不算是学吧"，希望能接受针对性的技能培训，能够用于有效改善自己及家庭的生活。

二、基本生活适应和心理适应问题

本次调查中呈现出的灾害移民社会适应问题也集中呈现在基本生活和心理适应层面，其中对迁居地生活方式的不适应尤其突出地表现在那些由乡村到城镇、散居向聚居转变的灾害移民个体的基本生活适应中，同时对故乡浓厚的眷念情绪也是部分移民在心理适应中必须持续应对的主要问题。

基本生活适应中，习俗观念适应度"一般"以下的调查对象比例接近38%，有46.5%的人对当前生活的满意度为"一般"及以下水平。通过访谈进一步发现，所有访谈对象均表示出对当前生活方式的不适应，主要集中体现为对新的居住方式和生活方式的不习惯及其衍生出的诸多问题。

> 个案C：男，70岁，原住房类型为平房，现为居民区单元房，其表述"喜欢新北川的环境，但不喜欢现在的房子，比起原来的平房，楼房生活上很多不方便，每天上下楼吃不消，还有就是有时候隔壁和楼上咚咚咚的声音吵得睡不着觉，很不适应。"（访谈资料整理0103）

> "现在住楼房，比原来在住的房子差多了，楼上的小朋友调皮，说话声音也很大，天天被吵得睡不着觉，跟他们讲了也没用……总之感觉还是不适应住楼房。"（访谈资料整理0104）

原住房类型为平房现在为居民区单元房的其他访谈对象也均表达了类似的观点，表示他们认为现在的居住方式造成很多生活不便，经过了较长的时间感觉还是不适应。此外，更多的受访者认为从乡村搬到城镇，原有的散居转变为现在的聚居也直接导致了生活上很多的不适应。

"以前吃什么菜从地里拿点,自家种的啥农药都没有,吃得还放心,现在都得买,吃得还不放心,要洗好久……还是以前好,自己家想干啥干啥,不用担心别人说,也不怕影响到别人。现在住这养狗养鸡什么的都不能养了,到现在还不适应。"(访谈资料整理 0301)

"以前房子是自建房,有院子,挺巴适的,现在是抽签抽到的 4 楼,政府补助买的……生活上还是有不习惯的,还是住不惯楼房,干什么都不方便,晾衣服、晒被子都不方便,做点事情动静大了也要影响到别人。"(访谈资料整理 0102)

思乡情绪是人们基于对故乡的眷念而产生的,也是移民普遍会表现出的一种正常心理现象。但在灾害移民迁入迁居地历时已久的情况下,一些移民时刻都会表现出的浓厚的思乡情绪在一定意义上也能够说明其可能是在新环境下生活适应性较差时而引发的,在其他条件成熟的情况下,这也会成为移民返迁的重要因素,直接构成移民心理适应的突出问题之一。在心理适应层面,前述问卷调查结果就显示大部分移民非常怀念原住地和原住地的熟人,而从受访对象的具体表述中,调查发现部分移民始终或时而表现出浓厚的思乡情绪,这应该加以重视。

"想,怎么不想?经常想,告诉你,刚开始(震后住板房时期)我还悄悄跑回去过,说是危房,哪里是危房嘛,水电都没有我还住了几天,后来被镇上的给赶了出来,有机会的话还是会回去看看,要是以后让住人我还要回去。"(访谈资料整理 0301)

"生活这么多年了,哪能不想?搬过来是没有办法,这边生活条件好一些,但还是觉得原来的地方好,空气又好,树子也好,环境比这边好多了……我认识的一些其他人和我一样,大家聊天的时候还是要摆摆的……以后恢复了的话,

让回去的话我还是要搬回去。"（访谈资料整理0201）

个案D：男，49岁，个体经营者，家庭收入水平相对较高，震前亲朋好友很多，震后大部分伤亡，只有一小部分搬迁到周围或其他小区，还有一些搬迁到其他地区，和以前的朋友来往少了，亲戚来往也不是很方便，虽然结识了一些新的朋友，但搬迁后对原来的生活和朋友还是非常怀念，对现居地没什么留恋和归属感，自己表述不排除以后搬到其他地方定居。

三、人际交往适应问题

调查发现，很多灾害移民在迁居后的人际交往仍然局限于同迁的朋友和熟人圈子，"只与原来的邻居和熟人保持交往"而"与当地人或者新的邻居基本没什么交往"的现象比较突出。有超过16%的调查对象对周围居民的认识度较低；超过22%的调查对象与周围居民的交往较少或很少；约22.3%的人没有结识当地原住民朋友；搬迁后至今，仍有过半比例的调查对象认为与原住民的关系（55.8%）、与社区人员的关系（59.6%）和与邻居的关系（51.2%）没有改善甚至变得比刚开始迁入时更差了；当遭遇生活困境时，邻居寻求帮助的情况并不常见，更多的调查者（44%）仅表示会向亲戚寻求帮助，而实际向邻居寻求过帮助的比例更是只有6%左右。这些调查数据都可以直观呈现出当前灾害移民在人际交往适应中存在的一些不足，而进一步通过访谈发现，移民在人际交往适应层面还存在着更为突出的问题，其集中体现在人际交往的心理调适（身份认同和信任感建立）和社区参与两个层面。

一方面，从访谈中可以发现，很多受访者在人际交往适应中存在的一个明显问题就是心理层面遭遇的身份认同障碍。半数受访者均明确表示觉得自己还是个"外乡人",很难与当地人正常地沟通交往。由于相关原因,有 3 个受访对象表示自己的户籍至今仍然在原住地,属于农村户口,现在搬到城镇,其也发觉自己在社会保障和公共服务等的权利享受上与当地人存在较大差异,因此觉得自己是边缘人,也相应产生了"低人一等"的观念,在人际交往适应中也不自觉地自我隔离。

  个案 E:41 岁,男,有固定职业,原来朋友和熟人较多,人际关系也非常好,但搬迁后与周围居民基本不太来往,邻居见面也仅限于打个招呼,至今与周围居民的交往仍然较少,和原来的熟人和朋友交往变少,关系圈子主要由单位同事构成。

也有部分受访者表示自己其他方面的适应情况都挺好,就是不太信任周围的人,不愿意与他们打交道:

  "两个女儿都在外地,与现在的老伴和儿子相处得很好,也很适应现在的生活,平时与老朋友联系较多……交朋友是件谨慎的事情,只与聊得来的处一下,不太愿意与邻居和小区的人过多接触。"(访谈资料整理 0105)

  "基本没有当地的朋友,大家见面打个招呼,也不影响啥……主要是不想和他们(周围居民)交往,感觉有点假,说话都感觉怪怪的,不怎么相信他们,没几个想和你真心交往的……都是抽签买的房子,邻居也就是见面能认识,也不经常见,小区也有一些原来的熟人,其他人都不太认识。现在人都不讲理,不想和他们太多接触……"(访谈资料整理 0104)

另一方面,与问卷调查分析结论类似,社区参与度低也是所有访谈对象所共同呈现出的问题。大部分受访者均认为社区参与"与个人生活关系不大",因此基本不参与任何社区活动;也有受访者能够意识到社区参与有利于自己民主权利的发挥，参与过一些社区选举和社区文娱活动，但又表示那些都是应付的。

"社区实务这些都没有参加过，什么样的情况也不了解，跟我个人又没啥关系……干群关系怎么样不太清楚。总之我不喜欢社区干部，态度不好，说话很凶，感觉没把你当回事，不尊重我们，很多人都不愿意和他们打交道……自己生活好就行，不想去凑那个热闹。"（访谈资料整理0102）

"参加过演出，挺好的，现在还和舞蹈队经常活动……其他的就不太清楚了，没有关注过，一个是跟我没太大关系，还有一个是不感兴趣，跳跳舞健健身，图个高兴，选举这些都没去，好像不记得有没有通知我们去，通知了应该会去吧。"（访谈资料整理0203）

四、社会适应的个体分化现象

除了上述灾害移民在各层面社会适应状况中展现的问题外，本研究在差异性特征分析后也发现，在特定的社会适应状况中也存在着一些值得我们关注的个体分化现象。

一是女性和低收入者等的生计发展、基本生活和人际交往的适应水平相对较低，从表6-38、表6-39和表6-41的数据来看，女性在特定层面的社会适应中"很适应"和"比较适应"的比例均低于男性，而"一般""不太适应"和"不适应"的比例则明显高于男性，低收入者的情况与此类似。这一现象与一些国内移民社会适应的经验研究结论相似，即困难群体在生产、生活等社会适应水平上相对较低。

分化情况更为严重和特殊的是（与相关的移民社会适应研究结论不同），越年轻者和受教育程度越高者，其生计发展和人际交往的适应水平越低,而由于年龄和受教育程度直接相关(表6-42),年龄越小者,受教育程度越高,换句话说,调查对象中有较高受教育程度的都是年轻人(高中/中专/中技和大专及以上34岁以下分别占到64.3%和65.7%),因此我们仅以受教育程度指标来分析其在社会适应水平上的特征。表6-43结果就显示,"大专及以上"者有10%的人在生计发展上不太适应,而小学及以下者在此方面的比例仅为2.6%,在人际交往适应中,高中/中专和大专及以上者的不适应比例分别为18.1%和21.4%,远高于小学及以下的6.4%。

表6-42 年龄和受教育程度相关分析表(%)(N=626)

	小学及以下	初中	高中/中专/中技	大专及以上
34岁及以下	6.8	26.8	64.3	65.7
35—55岁	59.7	54.9	34.1	34.3
55岁以上	33.5	18.3	1.6	0.0

$G=-0.695 \quad \chi^2=203.809 \quad df=6 \quad P=0.000$

表6-43 受教育程度和社会适应相关分析表(%)(N=565)

	很适应	比较适应	一般	不太适应	很不适应	
小学及以下	67.4	0.0	30.0	2.6	0.0	生计发展适应 $G=0.248$ $P<0.01$
初中	37.0	0.0	57.0	6.0	0.0	
高中/中专	42.3	0.0	54.1	3.6	0.0	
大专及以上	57.1	0.0	32.9	10.0	0.0	
小学及以下	22.3	46.8	23.2	6.4	1.3	人际交往适应 $G=0.336$ $P<0.01$
初中	14.6	34.4	39.1	11.9	0.0	
高中/中专	9.9	26.1	45.9	18.1	0.0	
大专及以上	5.7	31.4	41.5	21.4	0.0	

第六章 灾害移民社会适应状况的现实考察

【本章小结】

实证主义方法论指导下的调查研究，其对问题的呈现并非是基于研究者主观预设或价值判断，而是在证据为本的前提下通过对调查结果的客观分析所做出的事实判断。但是，社会科学研究的任务不仅是描述，也需要解释，只有在充分描述的基础上做出合理的经验解释，才能有助于我们更加深入地探析社会现象的内在规律和理解、把握社会现象的本质，并借此使科学研究回归其最终指向——指导实践。因此，在问题呈现的基础上，本章结合文献研究，提出了一些与之相关的经验性反思。

首先，研究认为，灾害移民生计发展适应问题源于其生计资本遭到破坏后的资本重组困境。英国国际发展部（DFID，1999）在可持续生计分析框架中界定了生计资本的概念，其包括人力资本、自然资本、物质资本、金融资本和社会资本，迄今各国移民生计问题研究中广泛使用了这一术语。在自然灾害的打击下，灾害移民的生计资本往往会遭到严重破坏，生计的脆弱性风险也随之凸显，在其迁居后的社会适应过程中，对生计资本的重组并应用于生计发展也成为灾害移民维系个体生存的首要前提。当然，生计资本的重组既受到个体的主客观条件影响，也会受制于外部环境。从调查结果分析，灾害移民正是在内外部环境的综合作用下，实际遭遇了生计资本重组的困境——不能有效地重组和配置自己的生计资本，从而直接在生计发展适应中表现出生计信心低下、就业和资金困难以及生计技能掌握不够等突出问题。

其次，灾害移民的基本生活适应和人际交往适应问题的本质是包含了意识、行为方式、价值观和生活习惯等内容的文化适应性不足。就个体而言，文化是其在社会化过程中习得并内化的意识、态度、行为方式和价值观等，因此灾害移民的文化适应实际上涵盖了个体在基本生活和人际交往中的各种态度和行为习惯的调适内容。很多灾害移民由乡村迁入城镇，由院舍式的散居方式转变为楼宇聚居，在传统社区中人际交往的亲密性和熟人关系圈也产生了较大的变动，居住方式、人际交往方式以及区域风俗习惯等文化环境的差异，需要其进行相应的心理和行为调适加以适应。而本次调查发现的灾害移民在居住方式和生活习惯等基本生活适应层面的问题以及人际交往过程中的自我疏离从本质上来说也正是由于其在文化环境变动情况下心理和行为调适缓慢而低效，文化适应性相对不足。

最后是关于社会适应的个体分化现象的思考。研究通过对灾害移民社会适应的个体差异性特征总结，认为不同个体特征者其社会适应状况存在显著差异，这种差异从本质上而言是一个不可避免的客观现象，并不构成"问题"。研究者必须以正确的态度直面这种差异的存在，但是，当差异较大即由于个体特征的不同而存在连带性的分化现象时，尤其是与经验相对立的第二个问题"越年轻者和受教育程度越高者，其生计发展和人际交往的适应水平越低"，也需要本研究加以重点关注，或许在以往研究中不曾发现这类问题，究竟为何尚待深入分析，但一些相关原因从笔者前期实地考察中某地相关部门工作人员的一段安置地情况描述中可见一斑：

> ××（地）现在住房等基础设施基本完善了，人口的容纳能力也具备……现在搬进来后各项条件总体都改善了，但长期还是有些隐患，怎么可持续，你想想，没有企业，没有工业，没有经济支撑，（地方）财政对这些（公共基础设施）怎么维护，比如这么大个地方（公共基础设施），一天光用电就要多少钱？这些钱哪里来？再比如没有企业，工作机会怎么创造，很多人后面的出路怎么办？怎么就业？这些都是问题。……尤其是现在有点技术的年轻人，不出去找活路，

第六章 灾害移民社会适应状况的现实考察

待在这，肯定没前途，有技术没合适的工作啊，所以说，要长远看的话，还是要发展经济……①

此外，研究考察的心理适应主要涉及思乡情绪和返迁意愿。在一般情况下，思乡情绪是包括灾害移民在内的各类移民的正常情感流露，但当这一情绪时常以某种强烈的方式表现出来时，则说明移民在心理调适方面并没有很好地适应，当然，这其中的原因也是错综复杂的，本书在此并不做出专门的阐释。在国内三峡库区移民等非自愿移民研究中，学者（王茂福，1997、1999、2000、2002、2003；闵飞，2002；张勇 2003；陈景红等，2015）广泛开展了移民返迁意愿及行为的影响因素探讨，王俊红和董亮（2013）则具体分析了灾害移民返迁意愿的影响因素，其包括迁出地的推力和迁入地的拉力因素以及相关制度和个人原因。综合国内相关研究结论，本书认为，返迁意愿是移民在各种内外部主客观条件作用下表现出的态度倾向，这一心理现象与移民所处的外部环境息息相关，同时既受到移民自身的适应状况影响，也会反作用于移民的社会适应过程中。

---

① 此处访谈资料系前期总体情况考察过程中获取，在保留原意的前提下整理删节。

第七章　灾害移民社会适应的影响因素分析

对灾害移民社会适应的具体状况进行直观的现状描述、特征总结和问题呈现，有助于我们把握客观现实，以便在证据为本的基础上深入剖析相关问题的生成原因。而统计学的相关分析考察的是变量之间的连带性而非因果关系，因此前述对灾害移民社会适应的差异性特征考察并不能够直接推论对移民社会适应状况因变量产生直接作用的影响因素。同时，在实证研究中，相关统计分析手段的确是进行因果分析的重要途径，但对于影响因素的探究，并不能全然单一地按照变量间的数理联系进行统计推论，研究者必须首先通过经验分析以确定可能对事物产生影响作用的自变量，建立诸多研究假设，进而通过对各类实证资料的综合分析去验证假设，从实证的角度提供具备说服力的论据。

第一节　灾害移民社会适应影响因素的经验假设

灾害移民社会适应的影响因素既包括内因，也有外因，换句话说，正是在个人因素和外部环境因素的综合作用下导致灾害移民社会适应的具体问题。风笑天（2004）通过对1999年、2000年和2001年三次调查数据的因子分析和多元回归分析，认为安置方式、安置地环境和人际交往等是制约三峡库区移民的主要影响因素；程瑜（2004）从人类学的视角认为制约三峡移民社会适应状况的主要原因是移民社会网络的割裂；苏红等（2005）认为原有社会网络和关系资源的缺失和移民自身的客观条件等因素综合叠加导致移民的社会适应困难；郝玉章等（2005）通过统计分析经济收入的差异、当地居民的态度、与当地人交流的困难程度、政府关心状况、迁入地治安状况和住房条件的差异共6个变量构成与移民社会适应状况相关的主要因素；任善英等（2014）则认为移民的经济收入、文化水平和传统习惯以及政府的政策与行为是降低生态移民社会适应性的主要原因。与上述这些研究类似，众多研学者在分析移民社会适应问题的时候，大都基于系统论视角，对移民个体内外部的主客观影响因素进行综合探讨。

在此，本研究从生态系统论视角出发，认为灾害移民社会适应的影响因素应该包括个体内部系统、外部微观系统、外部中观系统和外部宏观系统内的诸要素：在个体内部系统中，居民个体的自然和社会特征如性别、年龄、文化程度、职业、收入等可能会对其社会适应状况产生影响；在外部微观系统中，移民与其他个体的人际关系状况可能对其社会适应产生重要影响；外部中观系统中，家庭因素等如家庭成员数、家庭类型以及工作学习的组织环境等可能构成移民社会适应的影响因素；最后，外部宏观系统中的社会环境如政策环境、风俗习惯、交通、治安环境等也可能对移民社会适应产生重大影响。

第二节 灾害移民社会适应影响因素的研究设定

一、自变量的初始设计

根据上述经验假设并结合调查问卷的变量设置状况，本研究将灾害移民社会适应的影响因素具体操作为4个维度：个体特征、人际关系网络构成、生活环境变动、政府行为。并在经验逻辑上初步设置其下属自变量：将性别、年龄、民族、宗教信仰、文化程度、婚姻状况、职业变动状况和收入状况8个自变量归入个体特征维度；将家庭人口数、兄弟姐妹数、配偶兄弟姐妹数、新朋友数、亲戚同迁和邻居同迁6个自变量纳入人际关系网络构成维度；将交通环境变动、孩子上学环境变动、亲属往来环境变动、购物环境变动、医疗环境变动、娱乐环境变动、社区治安环境变动、风俗习惯差别和原住民态度9个自变量纳入生活环境变动维度；将迁移安置方式、住房来源、干群关系和政务公开4个自变量纳入政府行为维度。初步设置的自变量及其归属见表7-1。

表7-1　灾害移民社会适应影响因素的自变量设置

	维度	指标（自变量）
灾害移民社会适应影响因素	个体特征	性别（X1）、年龄（X2）、民族（X3）、宗教信仰（X4）、文化程度（X5）、婚姻状况（X6）、职业变动状况（X7）、收入变动（X8）
	人际关系网络构成	家庭人口数（X9）、兄弟姐妹数（X10）、配偶兄弟姐妹数（X11）、新朋友数（X12）、亲戚同迁（X13）、邻居同迁（X14）

续表 7-1

	维度	指标（自变量）
灾害移民社会适应影响因素	生活环境变动	交通环境变动（X15）、孩子上学环境变动（X16）、亲属往来环境变动（X17）、购物环境变动（X18）、医疗环境变动（X19）、娱乐环境变动（X20）、社区治安环境变动（X21）、风俗习惯差别（X22）、原住民态度（X23）
	政府行为	迁移安置方式（X24）、住房来源（X25）、干群关系（X26）、政务公开（X27）

二、自变量筛选

在调查过程中，并不能先入为主地主观预期调查结论，因此为了获取较为详实、丰富和多样化的数据，前期问卷设计时对自变量的设计应在指标代表性的基础上充分考虑指标的丰富性。由此，本研究在调查问卷设计时初步设置的自变量多达 27 个，在对指标变量数实际获取后的数据分析过程中，诸多自变量相互之间难免会存在较强的相关性和交互影响，为了简化操作，减少工作量，本研究在经验设定的每个维度下应用变量聚类[①]的方式选取代表性变量，同时这也为后续的回归分析做好相对独立变量选取的基础准备。基于研究的实际需要，对变量聚类的使用原则是

---

① 变量聚类又称为 R 型聚类，其实质是一种通过降维手段选取变量的有效途径，主要用于在变量众多时寻找有代表性的变量的简化变量统计方法，其在以少量、有代表性变量代替大变量集时损失信息很少，可以有效减少工作量和节省测量时间，但不会影响测量结果。同时由于回归分析中自变量共线性问题的存在，往往也会要求在回归分析前对自变量进行变量聚类以初步筛选出彼此独立的代表性自变量。其具体参见卢纹岱编著的《SPSS for Windows 统计分析》（第二版），电子工业出版社，2002 年版。

在简化指标变量的同时又要保证指标变量最终选取的丰富性，寻求简约化和丰富性的相对平衡。因此并没有将所有变量一起代入进行聚类（否则最后保留的自变量指标相对会非常少，同时按照这一做法，根据所有自变量间的数理联系得出的结果也很有可能破坏自变量在经验分析层次上的维度归属），而是依据前述经验设定的维度将其下属自变量指标分批代入选取代表性指标。

在自变量的具体选取路径上，本研究对采用欧式距离平方法和皮尔逊相关系数法两种度量方法生成的聚类树形图进行比较分析，探寻符合经验分析和具备现实依据的最佳聚类结果，以保证数据分析与理论分析的有机统一。同时，由于在统计分析层面，因果关系的满足必须首先要求自变量和因变量间存在相关关系，所以根据聚类分析结果选取自变量时，必须要同时考察选取的指标变量与因变量之间是否具备相关关系，且自变量与因变量的相关关系越强，后续的回归分析预测才会相对越为准确。因此，基于变量聚类对回归分析的作用，在比较聚类结果的同时也会参考自变量与因变量的相关关系状况实际选取指标变量[①]。

（一）个人特征类代表性指标选取

首先，在反映个人特征的指标变量中，根据欧氏距离平方法计算生成的聚类树形图（图7-1）和以皮尔逊相关系数法计算生成的聚类树形图（图7-2）呈现出一致的结果。其中，明显存在着较强相关性的年龄（X2）和婚姻状况（X6）首先被聚为一类。第二步聚类则分别将宗教信仰（X4）与职业变动（X7）聚为一类，将民族（X3）和收入变动（X8）聚为一类；其后将

---

① 基于自变量选取需要考察其与因变量的相关关系，因此在此处涉及因变量公因子的计算提前在SPSS中操作完成，但具体各个反映社会适应各纬度水平的公因子计算结果和水平评价本部分并不涉及，相关内容后续部分会详细列出。

性别（X1）进一步与宗教信仰（X4）和职业变动（X7）聚为一类，再将其与最初聚为一类的年龄（X2）和婚姻状况（X6）合并为一大类；而文化程度（X5）进一步与民族（X3）和收入变动（X8）构成的小类合并为一大类。上述两大类中可以各选取若干变量作为代表性的自变量指标。

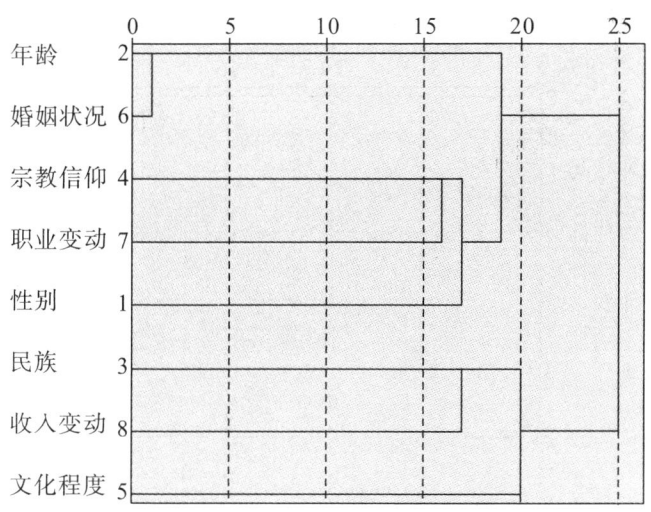

图 7-1　个体特征聚类分析结果树形图（欧氏距离平方法）

结合表 7-2 个体特征与社会适应相关系数矩阵，第一大类中的五个指标变量中，性别（X1）和民族（X3）、宗教信仰（X4）、职业变动（X7）与四个社会适应因变量部分不存在相关关系，且存在的相关关系强度相对较弱，而年龄（X2）与因变量均呈显著的相关关系且相关程度相对较强；第二大类的民族（X3）、收入变动（X8）和文化程度（X5）三个变量中，民族（X3）对基本生活适应和心理适应因变量不具备显著的相关性，与人际关系适应的相关程度也相对较弱；文化程度指标（X5）在其两个水平上与四个社会适应因变量均呈现显著的强相关关系，应选取该指标，同时收入变动（X8）指标变量与四个社会适应因变量也均存在显著的相关关系，因此为了增加指标的丰富性，也可以同时选取收入变动（X8）指标和文化程度（X5）指标共同代表此大类变量信息。通过上述分析，本研究最终选取年龄（X2）、文化程度（X5）和职业变动（X7）三个指标作为个体特征纬度下的代表性自变量。

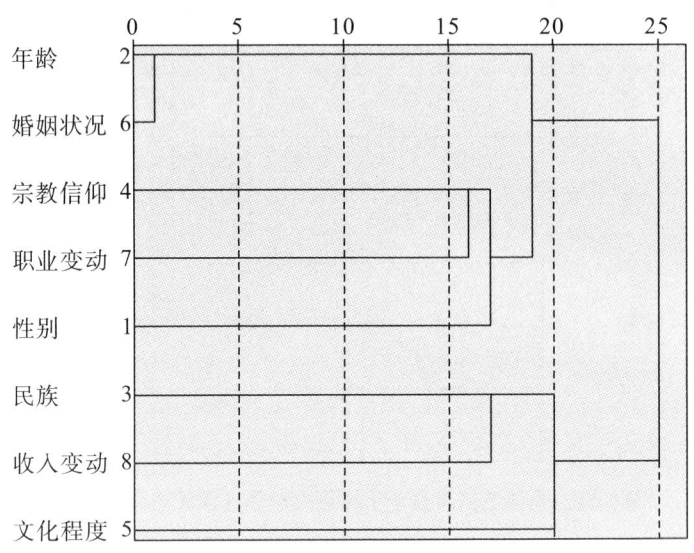

图7-2 个体特征聚类分析结果树形图（皮尔逊系数法）

表7-2 个体特征与其社会适应相关系数矩阵

自变量	因变量			
	生计发展	基本生活	心理适应	人际交往
性别（X1）	0.098**	0.156**	0.123	0.146**
年龄（X2）	−0.277**	−0.277**	0.006**	−0.262**
民族（X3）	0.151**	0.019	0.048	0.086**
宗教信仰（X4）	−0.177**	−0.065	0.138**	0.246**

续表7-2

自变量	因变量			
	生计发展	基本生活	心理适应	人际交往
文化程度（X5）：小学	-0.239**	-0.170**	0.013*	-0.254**
文化程度（X5）：中学	0.147**	0.069	0.080	0.032
文化程度（X5）：高中	0.095**	0.116**	-0.022*	0.152**
婚姻状况（X6）：未婚	0.094**	0.170**	-0.057	0.137**
婚姻状况（X6）：离异	-0.011	-0.042	0.041	-0.024
婚姻状况（X6）：丧偶	-0.187**	-0.099**	-0.073	-0.092**
职业变动（X7）	0.072	0.086	-0.080	0.017
收入变动（X8）：增加	-0.260**	-0.180**	-0.097*	-0.156*
收入变动（X8）：减少	0.148**	0.116*	0.185**	0.112*

注：*代表在0.05水平下显著相关，**代表在0.01水平下显著相关，无*代表不相关；同时，表中非定距测量层次的自变量均已通过SPSS操作生成因变量，相关系数计算采用积距相关系数r运算得出（0、1编码的自变量此处视为定距测量层次），故与前述4.4部分差异性分析中的相关系数计算值有所不同。表7-3、表7-4、表7-5相同。

（二）人际关系网络类代表性指标选取

在人际关系网络构成维度下，图7-3采用欧氏距离平方法计算生成的聚类分析树形图显示，亲戚同迁（X13）和邻居同迁（X14）最先被合并为一小类，可以视其为原有人际关系类，进而这类和新朋友数（X12）合并为一类，可以视其为现有社会关系类；兄弟姐妹数（X10）和配偶兄弟姐妹数（X11）被合并为一小类，可以视其为现有亲戚关系类，此类和现有社会关系类被继续合并为一类，最后家庭人口数（X9）（可以视其为现有家庭关系类）与之最终合并为一大类。

进一步分析图7-4采用皮尔逊相关系数法计算生成的聚类分析树形图发现，兄弟姐妹数（X10）和配偶兄弟姐妹数（X11）首先被合并为一小类，进而其和家庭人口数（X9）合并为一类，可以视其为现有家庭关系类；而新朋友数（X12）和亲戚同迁（X13）与邻居同迁（X14）被合并为一类，可以将其视为现有社会关系类，最终这类与现有家庭关系类合并聚为一大类。从对聚类过程及其解释情况分析，采用皮尔逊系数法的聚类结果较采用欧氏距离平方法得出的聚类结果具备更为合理的经验解释，可以在现有家庭关系类和现有社会关系类中各选取一个变量作为代表性指标变量。

结合表7-3人际关系网络与社会适应相关系数矩阵分析发现，第一类下的现有家庭关系类别下，家庭人口数（X9）和配偶兄弟姐妹数（X11）与四个维度的社会适应因变量不存在相关关系，兄弟姐妹数（X10）与四个维度的社会适应因变量存在显著的相关关系，应选取兄弟姐妹数（X11）作为此类的代表性指标变量。在现有社会关系类中，新朋友数（X12）、亲戚同迁（X13）和邻居同迁（X14）三个变量分别有不同水平的取值与社会适应因变量中的四个或三个存在显著的相关关系，而综合比较，新朋友数（X12）有两个取值水平与四个维度的社会适应因变量显著相关，另外两个水平与其中三个维度社会适应因变量显著相关，而其他两个变量则没有取值水平与社会适应四个维度因变量均呈显著相关的情况，综合分析应在此类中选取新朋友数（X12）为代表性指标变量。综上，最终选取兄弟姐妹数（X10）和新朋友数（X12）两个指标作为人际关系维度的代表性自变量。

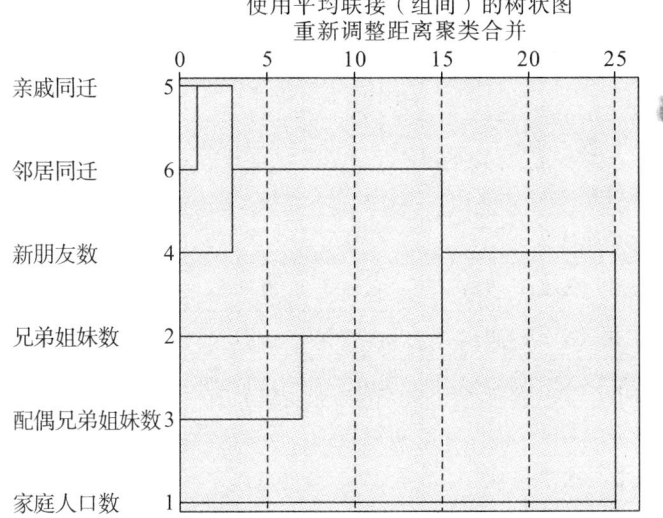

图7-3 人际关系网络聚类分析结果树形图（欧氏距离平方法）

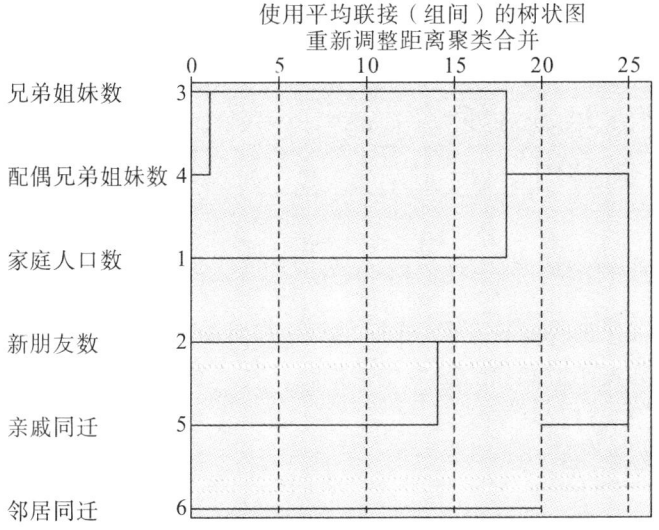

图7-4 人际关系网络聚类分析结果树形图（皮尔逊系数法）

表 7-3 人际关系网络与社会适应相关系数矩阵

自变量	因变量			
	生计发展	基本生活	心理适应	人际交往
家庭人口数（X9）	-0.040	0.011	0.063	-0.051
兄弟姐妹数（X10）	-0.178**	-0.166**	0.109**	-0.172**
配偶兄弟姐妹数（X11）	-0.057	-0.049	-0.032	-0.064
新朋友数（X12）：没有	-0.007	0.035	-0.010	-0.005
新朋友数（X12）：很多	-0.275**	-0.319**	0.155**	-0.523**
新朋友数（X12）：较多	-0.161**	-0.176**	-0.076	-0.168**
新朋友数（X12）：较少	0.241**	-0.203**	-0.036	0.342**
新朋友数（X12）：很少	0.176**	0.175**	0.085*	0.257**
亲戚同迁（X13）：没有	-0.063	0.068	-0.054	-0.034
亲戚同迁（X13）：很少	0.155**	0.199**	0.039	0.087*
亲戚同迁（X13）：很多	-0.012	-0.106*	-0.036	0.012
邻居同迁（X14）：没有	0.028	0.059	0.080	-0.056
邻居同迁（X14）：很少	-0.122**	-0.087*	-0.056	-0.054
邻居同迁（X14）：很多	-0.277**	-0.173**	0.027	-0.200**

（三）生活环境类代表性指标选取

在生活环境纬度下，图 7-5 和 7-6 分别是采用欧式距离平方法和皮尔逊系数法聚类生成的树形图。从对图形的比较发现，二者聚类过程基本相似，均是将社区环境类指标最先凝聚为一大类，然后依次与原住民态度（X23）和风俗习惯差别（X22）聚为最终大类。结合表 7-4 生活环境与社会适应相关系数矩阵分析，在社区环境类别变量中（X15~X21），大部分指标在各取值水平上与四个社会适应纬度中的二或三个显著相关，仅有社区治安环境变动（X21）在其一定的取值水平上与四个维度的社会适应均存在显著的相关关系，且具备一定的相关强度，综合分析认为在社区环境类指标中可以选取社区治安环境变动（X21）作为代表性指标变量。而风俗习惯差别（X22）和原住民态度（X23）指标在各自一个取值水平上与四个维度的社会适应显著相关，但综合比较原住民态度（X23）与社会适应的相关强度更大，因此可以选取原住民态度（X23）为代表性指标变量。综上，在生活环境纬度中选取社区治安环境变动（X21）和原住民态度（X23）为代表性自变量。

表7-4 生活环境与社会适应相关系数矩阵

自变量	因变量			
	生计发展	基本生活	心理适应	人际交往
交通环境变动（X15）：好很多	0.387**	−0.314**	0.064	−0.421**
交通环境变动（X15）：好一些	0.332**	0.245**	−0.050	0.367**
交通环境变动（X15）：差一些	0.059	0.011	0.120**	0.030
交通环境变动（X15）：差很多	—	—	—	—
孩子上学环境变动（X16）：好很多	−0.391**	−0.330**	0.044	−0.415**
孩子上学环境变动（X16）：好一些	0.247**	0.216**	−0.073	0.291**
孩子上学环境变动（X16）：差一些	0.081	0.023	0.044	0.012
孩子上学环境变动（X16）：差很多	—	—	—	—
亲属往来环境变动（X17）：好很多	−0.245**	−0.258**	−0.022	−0.362**
亲属往来环境变动（X17）：好一些	0.100**	0.141**	−0.004	0.122**

续表7-4

自变量	因变量			
	生计发展	基本生活	心理适应	人际交往
亲属往来环境变动（X17）：差一些	-0.020	0.030	-0.085*	0.125**
亲属往来环境变动（X17）：差很多	-0.014	0.005	0.065	0.031
购物环境变动（X18）：好很多	-0.345**	-0.354**	0.049	-0.431**
购物环境变动（X18）：好一些	0.118**	0.176**	-0.012	0.206**
购物环境变动（X18）：差一些	0.056	0.074	-0.016	0.096*
购物环境变动（X18）：差很多	0.179**	0.060	0.080	0.136**
医疗环境变动（X19）：好很多	-0.405**	-0.343**	0.067	-0.444**
医疗环境变动（X19）：好一些	0.152**	0.140**	-0.078	0.211**
医疗环境变动（X19）：差一些	0.061	0.082	-0.016	0.103**
医疗环境变动（X19）：差很多	0.095*	0.032	-0.023	0.031
娱乐环境变动（X20）：好很多	-0.356**	-0.279**	-0.002	-0.409**
娱乐环境变动（X20）：好一些	0.117**	0.085*	0.015	0.140**
娱乐环境变动（X20）：差一些	0.168**	0.123**	-0.027	0.153**
娱乐环境变动（X20）：差很多	0.187**	0.118**	0.024	0.152**
社区治安环境变动（X21）：好很多	-0.343**	-0.380**	-0.040	-0.321**
社区治安环境变动（X21）：好一些	0.011	0.117**	-0.013	0.054
社区治安环境变动（X21）：差一些	0.144**	0.131**	0.019	0.140**
社区治安环境变动（X21）：差很多	0.155**	0.139**	0.115**	0.089*
风俗习惯差别（X22）：很大	-0.272**	-0.268**	0.165**	-0.197**

续表7-4

自变量	因变量			
	生计发展	基本生活	心理适应	人际交往
风俗习惯差别（X22）：较大	-0.219**	-0.094*	-0.004	-0.087*
风俗习惯差别（X22）：较小	-0.069	-0.204**	-0.062	-0.060
风俗习惯差别（X22）：很小	-0.160**	-0.212**	0.058	-0.112**
原住民态度（X23）：很好	-0.333**	-0.331**	0.095*	-0.405**
原住民态度（X23）：较好	-0.199**	-0.202**	0.004	-0.299**
原住民态度（X23）：较差	0.114**	0.059	0.004	0.146**
原住民态度（X23）：很差	0.178**	0.199**	0.082*	0.167**

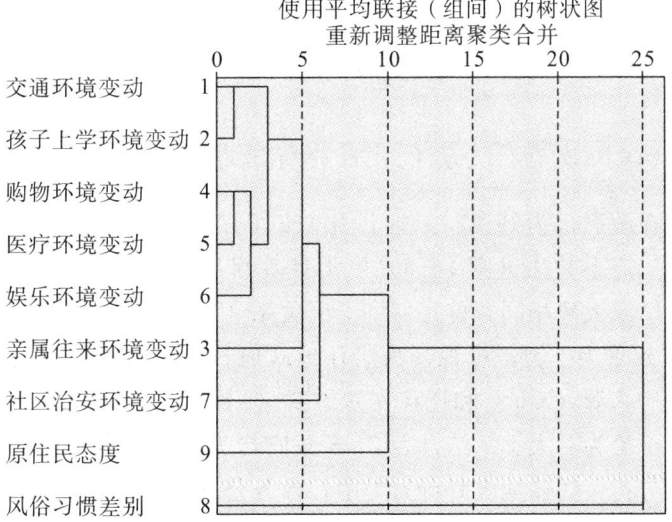

图7-5 生活环境聚类分析结果树形图（欧氏距离平方方法）

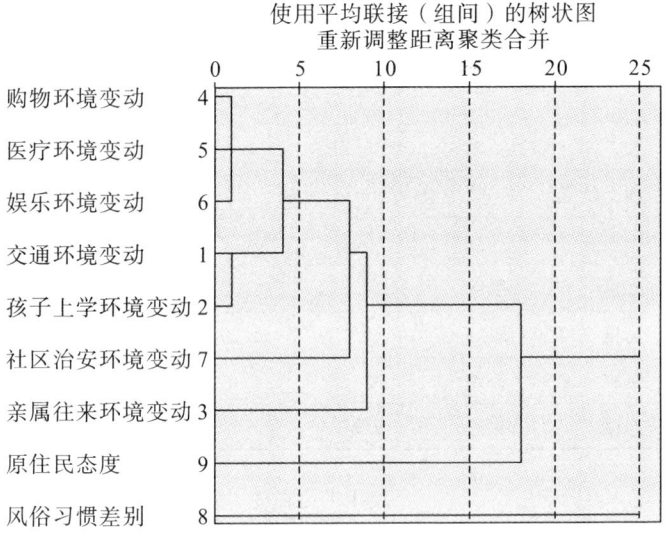

图 7-6 生活环境聚类分析结果树形图（皮尔逊系数法）

（四）政府行为类代表性指标选取

在政府行为纬度下，通过比较欧氏距离平方法（图 7-7）和皮尔逊系数法（图 7-8）聚类计算得出的树形图可以发现，两种结果大致相同。首先都将干群关系（X26）和政务公开状况（X27）聚为一类，可视其为居住地政府行为，进一步分别将其与住房来源（X25）和迁移安置方式（X24）两个代表迁移政策的指标聚为一大类。结合表 7-5 政府行为与社会适应相关系数矩阵分析，居住地政府行为类中，政务公开（X27）在特定取值水平上与四个维度的社会适应因变量均存在显著的相关关系，且较干群关系（X26）与社会适应自变量的相关强度更强，而迁移安置方式（X24）在特定取值水平上与四个维度的社会适应因变量显著相关，而住房类型则最多与社会适应两个维度相关。综上，本研究在政府行为纬度下实际选取迁移安置方式（X24）和政务公开（X27）两个指标作为代表性自变量。

表7-5　　政府行为与社会适应相关系数矩阵

自变量	因变量			
	生计发展	基本生活	心理适应	人际交往
迁移安置方式（X24）：集中安置	0.156**	0.117**	0.072*	0.450**
迁移安置方式（X24）：投亲靠友	−0.087*	−0.099**	0.008	−0.038
迁移安置方式（X24）：其他方式	−0.127**	−0.064	−0.103**	−0.025
住房类型（X25）：自建	−0.031	0.094*	−0.029	−0.016
住房来源（X25）：政府补助	−0.042	−0.104**	−0.099	−0.128**
住房来源（X25）：其他方式	0.020	−0.032	−0.020	0.006
干群关系（X26）：很好	−0.178**	−0.442**	0.018	−0.125**
干群关系（X26）：较好	−0.193**	−0.257**	−0.107**	−0.009
干群关系（X26）：较差	0.052	0.265**	0.032	−0.050
干群关系（X26）：很差	0.097*	0.177	0.066	0.034
政务公开（X27）：公开	−0.223**	−0.424**	0.094*	−0.204**
政务公开（X27）：未公开	0.170**	0.182**	0.063	0.123**

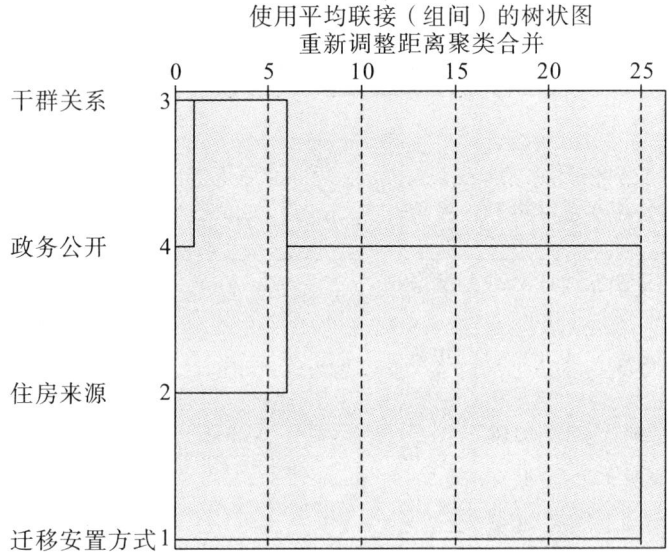

图 7-7　生活环境聚类分析结果树形图（欧氏距离平方法）

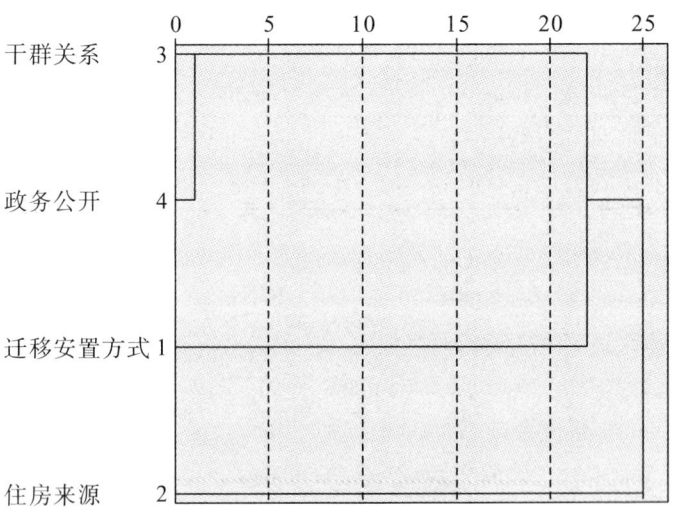

图 7-8　生活环境聚类分析结果树形图（皮尔逊系数法）

三、社会适应影响因素自变量最终构成

通过上述变量聚类的降维处理，本研究最终选取年龄（X2）、文化程度（X5）和职业变动状况（X7），兄弟姐妹数（X10）和新朋友数（X12），社区治安环境变动（X21）和原住民态度（X23），迁移安置方式（X24）和政务公开（X27）分别代表个人特征、人际关系网络、生活环境和政府行为四个层面，作为灾害移民社会适应影响因素分析中的代表性自变量进行实际的分析（图7-9）。

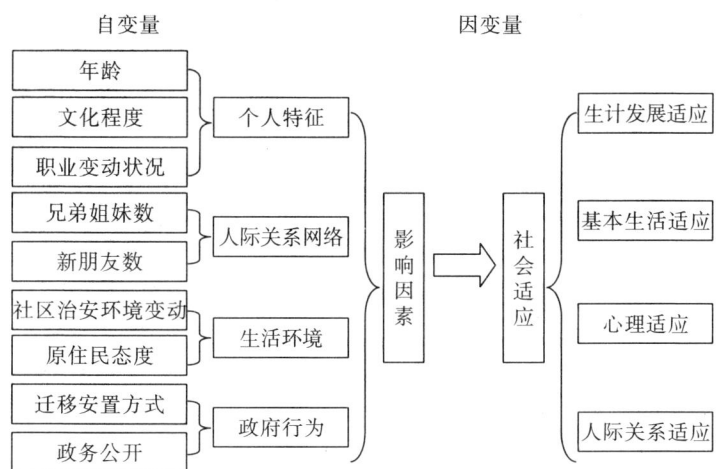

图7-9　灾害移民社会适应影响因素分析示意图

第三节　灾害移民社会适应影响因素的实证分析

一、方法与步骤

在前述自变量和因变量的实证分析框架确立基础上，本研究通过多元回归分析手段对灾害移民社会适应的影响因素进行实证分析和检验。首先提出四个基本研究假设。

假设 1：灾害移民的个人特征影响其社会适应。假设 1a：灾害移民的个人特征影响其生计发展适应；假设 1b：灾害移民的个人特征影响其基本生活适应；假设 1c：灾害移民的个人特征影响其心理适应；假设 1d：灾害移民的个人特征影响其人际关系适应。

假设 2：灾害移民的人际关系网络影响其社会适应。假设 2a：灾害移民的人际关系网络影响其生计发展适应；假设 2b：灾害移民的人际关系网络影响其基本生活适应；假设 2c：灾害移民的人际关系网络影响其心理适应；假设 2d：灾害移民的人际关系网络影响其人际关系适应。

假设 3：生活环境影响灾害移民的社会适应。假设 3a：生活环境影响灾害移民的生计发展适应；假设 3b：生活环境影响灾害移民的基本生活适应；假设 3c：生活环境影响灾害移民的心理适应；假设 3d：生活环境影响灾害移民的人际交往发展适应。

假设 4：政府行为影响灾害移民的社会适应。假设 4a：政府行为影响灾害移民的生计发展适应；假设 4b：政府行为影响灾害移民的基本生活适应；假设 4c：政府行为影响灾害移民的心理适应；假设 4d：政府行为影响灾害移民的人际交往发展适应。

第七章 灾害移民社会适应的影响因素分析

进而将分别代表和反映个人特征、人际关系网络、生活环境和政府行为四类状况信息的指标变量作为自变量，将反映生计发展适应、基本生活适应、心理适应和人际交往适应状况的 F2 因子、F4 因子、F3 因子和 F4 因子作为因变量代入 SPSS20.0 进行多元线性回归分析，所有非定距测量层次自变量均做虚拟变量处理，虚拟后的自变量以"块状"（Block）方式选入复选框以保证隶属于特定原始自变量虚拟后的一组变量共进共出，最后以逐步回归（Stepwise）分析得出最终模型[①]，见表 7-6、表 7-7、表 7-8 和表 7-9。

表 7-6 生计发展适应影响因素的回归分析

类型	指标变量	常数	B	$Beta$	P	容许度	VIF
		11.644			0.000		
个人特征	年龄（X2）		−0.023	−0.172	0.000	0.528	1.894
	文化程度：小学（X051）						
	文化程度：初中（X052）		0.550	0.122	0.040	0.331	3.018
	文化程度：高中（X053）						
	职业变动状况（是否）（X7）						
人际关系网络	兄弟姐妹数（X10）						
	新朋友数：没有（X121）						
	新朋友数：很多（X122）		−0.926	−0.169	0.000	0.691	1.447
	新朋友数：较多（X123）						
	新朋友数：较少（X124）		0.631	0.112	0.004	0.795	1.257

---

① 逐步回归分析每一步变量代入步骤会输出相应模型结果，本处仅列出最终步骤后输出的模型结果。

续表7-6

类型	指标变量	常数	B	Beta	P	容许度	VIF
生活环境	社区治安环境：好很多(X211)		-1.446	-0.362	0.000	0.436	2.295
	社区治安环境：好一些(X212)		-0.973	-0.229	0.000	0.509	1.966
	社区治安环境：差一些(X213)						
	社区治安环境：差很多(X231)						
	原住民态度：很好（X232）						
	原住民态度：较好（X233）						
	原住民态度：较差（X234）		1.426	0.116	0.003	0.762	1.313
	原住民态度：很差（X235）		2.608	0.099	0.015	0.705	1.419
政府行为	迁移安置方式：集中安置（X241）		1.022	0.143	0.000	0.840	1.190
	迁移安置方式：投亲靠友（X242）						
	迁移安置方式：其他（X243）						
	政务公开：好（X271）		-0.717	-0.164	0.000	0.776	1.289
	政务公开：差（X272）		0.644	0.196	0.012	0.818	1.222

$R^2=0.403$ Adjust $R^2=0.380$ $P<0.01$

表7-7 基本生活适应影响因素的回归分析

类型	指标变量	常数	B	Beta	P	容许度	VIF
		7.780			0.000		
个人特征	年龄（X2）		-0.014	-0.145	0.001	0.530	1.885
	文化程度：小学（X051）		0.368	0.133	0.049	0.224	4.467
	文化程度：初中（X052）		0.492	0.158	.005	0.330	3.035
	文化程度：高中（X053）						
	职业变动状况（是否）（X7）		0.387	0.116	0.001	0.885	1.130

第七章 灾害移民社会适应的影响因素分析

续表7-7

类型	指标变量	常数	B	$Beta$	P	容许度	VIF
人际关系网络	兄弟姐妹数（X10）		-0.076	-0.095	0.011	0.731	1.368
	新朋友数：没有（X121）						
	新朋友数：很多（X122）		-0.706	-0.185	0.000	0.692	1.444
	新朋友数：较多（X123）		-0.328	-0.113	0.005	0.620	1.614
	新朋友数：较少（X124）						
生活环境	社区治安环境：好很多(X211)		-0.265	-0.090	0.046	0.501	1.995
	社区治安环境：好一些(X212)						
	社区治安环境：差一些(X213)						
	社区治安环境：差很多(X231)						
	原住民态度：很好（X232）						
	原住民态度：较好（X233）						
	原住民态度：较差（X234）	0.652	0.076	0.037	0.763	1.311	
	原住民态度：很差（X235）						
政府行为	迁移安置方式：集中安置（X241）						
	迁移安置方式：投亲靠友（X242）						
	迁移安置方式：其他（X243）						
	政务公开：好（X271）		-0.973	-0.321	0.000	0.763	1.311
	政务公开：差（X272）		0.563	0.120	0.001	0.787	1.271
	$R^2=0.481$ Adjust $R^2=0.461$ $P<0.01$						

表7-8 心理适应影响因素的回归分析

类型	指标变量	常数	B	Beta	P	容许度	VIF
个人特征		7.040			0.000		
个人特征	年龄（X2）						
个人特征	文化程度：小学（X051）		0.642	0.204	0.007	0.321	3.118
个人特征	文化程度：初中（X052）		0.747	0.210	0.002	0.378	2.645
个人特征	文化程度：高中（X053）						
个人特征	职业变动状况（是否）（X7）		－0.485	－0.128	0.004	0.903	1.108
人际关系网络	兄弟姐妹数（X10）						
人际关系网络	新朋友数：没有（X121）						
人际关系网络	新朋友数：很多（X122）		0.743	0.171	0.001	0.755	1.325
人际关系网络	新朋友数：较多（X123）						
人际关系网络	新朋友数：较少（X124）						
生活环境	社区治安环境：好很多(X211)						
生活环境	社区治安环境：好一些(X212)						
生活环境	社区治安环境：差一些(X213)						
生活环境	社区治安环境：差很多(X231)		1.103	0.101	0.028	0.859	1.164
生活环境	原住民态度：很好（X232）						
生活环境	原住民态度：较好（X233）						
生活环境	原住民态度：较差（X234）						
生活环境	原住民态度：很差（X235）						
政府行为	迁移安置方式：集中安置（X241）						
政府行为	迁移安置方式：投亲靠友（X242）						
政府行为	迁移安置方式：其他（X243）						
政府行为	政务公开：好（X271）						
政府行为	政务公开：差（X272）						

$R^2=0.355$ Adjust $R^2=0.326$ $P<0.01$

表7-9 人际交往适应影响因素的回归分析

类型	指标变量	常数	B	Beta	P	容许度	VIF
		12.388			0.000		
个人特征	年龄（X2）						
	文化程度：小学（X051）		-1.165	-0.194	0.001	0.287	3.485
	文化程度：初中（X052）		-0.700	-0.103	0.042	0.354	2.827
	文化程度：高中（X053）						
	职业变动状况（是否）（X7）		0.821	0.113	0.000	0.895	1.117
人际关系网络	兄弟姐妹数（X10）						
	新朋友数：没有（X121）		-4.070	-0.491	0.000	0.688	1.454
	新朋友数：很多（X122）		-0.960	-0.152	0.000	0.616	1.624
	新朋友数：较多（X123）		1.312	0.155	0.000	0.783	1.277
	新朋友数：较少（X124）		2.161	0.132	0.000	0.756	1.323
生活环境	社区治安环境：好很多（X211）		-1.178	-0.196	0.000	0.439	2.277
	社区治安环境：好一些（X212）		-0.750	-0.117	0.006	0.509	1.966
	社区治安环境：差一些（X213）						
	社区治安环境：差很多（X231）						
	原住民态度：很好（X232）						
	原住民态度：较好（X233）		-0.603	-0.098	0.003	0.823	1.216
	原住民态度：较差（X234）		1.715	0.093	0.007	0.767	1.303
	原住民态度：很差（X235）						
政府行为	迁移安置方式：集中安置（X241）						
	迁移安置方式：投亲靠友（X242）						
	迁移安置方式：其他（X243）		-1.032	-0.071	0.031	0.848	1.180
	政务公开：好（X271）		-.0538	-0.082	0.018	0.776	1.289
	政务公开：差（X272）		.0991	0.098	0.003	0.832	1.202

$R^2 = 0.535$　Adjust $R^2 = 0.518$　$P < 0.01$

二、结果分析

表7-6至表7-9分析多元线性回归分析结果显示：

第一，个人特征、人际关系网络、生活环境和政府行为四大因素均对灾害移民的生计发展适应产生重要影响，影响因素研究的具体假设1a、1b、1c和1d被证明。具体到代表性指标层面，年龄（X2）、文化程度（X5）、新朋友数（X12）、社区治安环境变动（X21）、迁移安置方式（X24）和政务公开（X27）六个指标变量对生计发展适应因子起到影响作用，按标准回归系数 Beta 的数值绝对值排序，社区治安环境变动（X21）对灾害移民生计发展适应影响最大，此外政务公开（X27）、年龄（X2）和新朋友数（X12）也具备较强的影响。由于选取的自变量可以概括同类指标数据的总体信息，因此可以认为生活环境因素对灾害移民的社会适应影响相对最强，其次是政府行为因素和个人特征因素，人际关系网络因素对灾害移民的社会适应影响相对较弱。

第二，四个类型的影响因素均对灾害移民的基本生活适应产生影响，影响因素的具体假设2a、2b、2c和2d均被证明。年龄（X2）、文化程度（X5）、职业变动状况（X7）、兄弟姐妹数（X10）、新朋友数（X12）、社区治安环境变动（X21）、原住民态度（X23）和政务公开（X27）八个指标变量对基本生活适应因子构成因果关系，其中，政务公开（X27）的影响最强，而社区治安环境变动（X21）和原住民态度（X23）的影响最弱。可以认为，政府行为因素对灾害移民的社会适应产生较大影响，个人特征和人际关系网络因素也产生了较强的影响，而生活环境因素对灾害移民基本生活适应的影响相对并不明显。

第三，仅有文化程度（X5）、职业变动状况（X7）、新朋友数（X12）和社区治安环境变动（X21）四个指标变量对灾害移民的心理适应因子产生影响，政府行为类指标对灾害移民心理适应没有构成统计意义上的因果关系，按这些指标变量的纬度可以做出结论，个人特征、人际关系网络和生活环境因素影响灾害移民的心理适应，灾害移民影响因素的具体假设3a、3b和3c被证明，3d被证伪。其中，以文化程度（X5）为代表的个人特征因素对灾害移民的心理适应具备相对较强的影响，生活环境和人际关系网络因素也产生一定的影响。

第四，灾害移民人际关系适应的影响因素在本次实证分析中从统计学意义上被证实，基本假设4a、4b、4c和4d均被证明，文化程度（X5）、职业变动状况（X7）、新朋友数（X12）、社区治安环境变动（X21）、原住民态度（X23）、迁移安置方式（X24）和政务公开（X27）七个指标变量对人际交往适应因子构成因果关系，但生活环境类和政府行为类指标的影响相对并不明显，人际网络构成因素与灾害移民人际交往适应构成相对更强的因果关系，个人特征因素也产生较强的影响。

第五，从指标层面分析，所有经过合理统计分析方法选取的代表性指标中，仅有文化程度（X5）、新朋友数（X12）和社区治安环境变动（X21）在统计学意义上对灾害移民四个层面的社会适应均构成因果关系，职业变动状况（X7）和政务公开（X27）分别对三个层面的社会适应产生影响，年龄（X2）和原住民态度（X23）分别对两个层面的社会适应产生影响，兄弟姐妹数（X10）则仅对灾害移民的基本生活适应产生影响（表7-10）。

表 7－10　各影响因素纬度下代表性指标对社会适应的影响分布

影响因素（自变量）		因变量			
因素	代表指标	生计发展适应	基本生活适应	心理适应	人际交往适应
个人特征	X2	●	●		
	X5	●	●	●	●
	X7		●	●	●
人际关系网络	X10		●		
	X12	●	●	●	●
生活环境	X21	●	●	●	
	X23		●	●	
政府行为	X24	●			●
	X27	●	●		●

【本章小结】

本次研究在问卷设计时就已参照相关研究成果对灾害移民社会适应的影响因素进行经验设定，并在此基础上操作化相关指标用以测量客观状况，在运用社会统计学手段进行因果分析之初，本章提出四个基本的研究假设分别为：①灾害移民的个人特征影响其社会适应；②灾害移民的人际关系网络影响其社会适应；③生活环境影响灾害移民的社会适应；④政府行为影响灾害移民的社会适应。其下分别包括各影响因素对四个社会适应层面影响的具体假设。

在调查研究中，问卷设计的自变量指标基于整体性和全面性，尽可能保证丰富性和多样性。而实际分析过程中，众多考察特定类别状况的变量指标之间难免会存在高度的相关性，对因变量的影响存在交互作用，因此可以对指标变量进行简化筛选，通

第七章 灾害移民社会适应的影响因素分析

过变量聚类这一降维手段选取能够有效概括同类指标变量数据信息的代表性变量，这也是应用回归分析考察现象的因果关系之前较为常用的变量筛选途径和必要步骤。

本章通过变量聚类选取了经验设定的各影响因素纬度下的代表性指标变量，通过其与生计发展适应、基本生活适应、心理适应和人际交往适应四个因变量的多元线性回归分析定量考察灾害移民社会适应的影响因素，最终总结出如下结论：

个人特征、人际关系网络和生活环境三类因素对灾害移民的生计发展适应、基本生活适应、心理适应和人际交往适应均产生重要影响；政府行为类因素影响灾害移民生计发展适应、生活适应和人际交往适应，对心理适应不产生影响；灾害移民影响因素的研究假设中，基本假设1、2、3及其包含的四个具体假设被统计证明，基本假设4及其具体假设4a、4b、4c和4d被证伪；不同因素对灾害移民社会适应个层面的影响强度存在差异，生活环境因素对生计发展适应的影响相对最大，政府行为因素对基本生活适应的影响相对最为明显，个人特征因素对心理适应相对起到更重要的制约作用，人际关系网络因素对人际交往适应产生更为重要的影响。

第八章 结论与思考

第一节 研究结论

一、调查结论

研究通过对调查数据单、双变量的描述性和推论统计以及对访谈资料的归纳分析总结了灾害移民的社会适应状况和差异性特征,并呈现其中存在的现实问题,进而通过多元回归分析探讨了灾害移民社会适应的诸多影响因素,最终总结得出如下调查结论:

单变量的分析结果表明,调查对象在生计发展、基本生活和人际交往上适应良好,在具体适应状况上也有所差异,其中生计发展适应水平相对最高,基本生活和人际交往适应水平相对较高,心理适应水平相对较差。

双变量的相关分析和假设检验结果表明,研究所做出的基本假设"不同自然和社会特征的灾害移民社会适应状况存在显著差异"被证明,具体而言:第一,不同性别者在社会适应四方面存在显著差异;第二,不同年龄者在社会适应四方面存在显著差异;第三,不同民族者在基本生活适应、人际交往适应方面存在显著差异,在生计发展适应、心理适应方面无显著差异;第四,不同宗教信仰者在社会适应四方面存在显著差异;第五,不同受教育程度者在社会适应四方面存在显著差异；第六，不同婚姻状况者在社会适应四方面存在显著差异；第七，不同政治面貌者在基本生活适应、心理适应方面存在显著差异，在生计发展适应、人际交往适应方面无显著差异；第八，不同职业者在社会适应四方面存在显著差异；第九，不同家庭人口数者在心理适应、人际交往适应方面存在显著差异，在生计发展适应、基本生活适应方面无显著差异；第十，不同家庭月收入者在社会适应四方面存在显著差异。

问题分析表明，灾害移民在四个层面的社会适应状况中具体表现出资金缺乏、就业困难、不适应迁居地的生活方式以及持续的思乡情绪和带有一定的返迁倾向等问题，同时灾害移民在某些社会适应中的个体分化现象较为突出。对上述问题，本研究进行了必要的经验反思，认为：灾害移民生计发展适应问题源于其生计资本遭到破坏后的资本重组困境；灾害移民的基本生活适应和人际交往适应问题的本质是包含了意识、行为方式、价值观和生活习惯等内容的文化适应性不足；灾害移民社会适应中的个体差异是一个正常现象，但分化问题就应当引起足够的重视；思乡情绪是包括灾害移民在内的各类移民的正常情感流露，但当这一情绪时常以某种强烈的方式表现出来时，则说明移民在心理调适方面并没有很好地适应；返迁意愿是移民在各种内外部主客观条件作用下表现出的态度倾向，这一心理现象与移民所处的外部环境息息相关，同时既受到移民自身的适应状况影响，也会反作用于移民的社会适应。

影响因素分析结果表明，基本假设1"灾害移民的个人特征影响其社会适应"及其具体假设（1a"灾害移民的个人特征影响其生计发展适应"，1b"灾害移民的个人特征影响其基本生活适应"，1c"灾害移民的个人特征影响其心理适应"，1d"灾害移民的个人特征影响其人际关系适应"），基本假设2"灾害移民的人际关系网络影响其社会适应"及其具体假设（2a"灾害移民的个人际关系网络影响其生计发展适应"，2b"灾害移民的人际关系网络影响其基本生活适应"，2c"灾害移民的人际关系网络影响其心理适应"2d"灾害移民的人际关系网络影响其人际关系适应"），基本假设3"生活环境影响灾害移民的社会适应"及其具体假设（3a"生活环境影响灾害移民的生计发展适应"，3b"生活环境影响灾害移民的基本生活适应"，3c"生活环境影响灾害移民的心理适应"、3d"生活环境影响灾害移民的人际交往发展适应"）被具体证明，而基本假设4"政府行为影响灾害移民的社会适应"及其具体假设（4a"政府行为影响灾害移民的生计发展适应"，4b"政府行为影响灾害移民的基本生活适应"，4c"政府行为影响灾害移民的心理适应"，4d"政府行为影响灾害移民的人际交往发展适应"）没有通过统计检验。进一步分析发现，不同因素对灾害移民社会适应各层面的影响强度存在差异，生活环境因素对生计发展适应的影响相对最大，政府行为因素对基本生活适应的影响相对最为明显，个人特征因素对心理适应相对起到更重要的制约作用，人际关系网络因素对人际交往适应产生更为重要的影响。

二、反思性结论

针对本次调查研究客观呈现的灾害移民社会适应状况、特征及对其影响因素的分析结论，研究也进行了必要的衍生性分析和思考，得出以下几点反思结论：

首先，通过与国内相关经验研究结论的对比发现，灾害移民社会适应具体状况与三峡库区移民、生态移民及农民工的社会适应状况存在显著的差别。如三峡库区移民、生态移民和农民工，他们一般都会面临一个陌生的文化环境，因此文化适应如语言、风俗习惯等调适心理和行为构成了其重要的社会适应内容，也会衍生出一些具体的问题，而"5·12"震后的灾害移民并没有跨出同一"文化圈"①，因此调查发现其并没有遭遇明显的文化适应问题，生态移民由此产生的普遍生计适应问题以及农民工中普遍的身份认同问题在本次调查的灾害移民对象中并未普遍呈现。当然，可能由于移民特征、区域环境以及研究视角和研究内容等层面的差异，不同的研究结论暴露出的具体问题可能会有所不同。对于现阶段灾害移民总体是否面临文化适应困境，需要开展更为深入翔实的多类型群体研究。

其次，由于问题原因的系统性和层次性，虽然具体研究发现的影响因素作用力大小会有区别，但灾害移民与其他类型移民的社会适应影响因素明显具备共通性，即个体因素、家庭、组织和社区因素以及宏观社会环境因素都会对移民的社会适应产生影响。因此共同移民都会或多或少遭遇到一些社会适应的困境。相关促进灾害移民社会适应水平的对策措施也应该从微观、中观和宏观入手，综合作用。

最后，针对统计分析结果呈现的灾害移民社会适应水平，总体上除心理适应外均处于"比较适应"至"一般"区间的状况也说明了经过较长时期的生产生计和生活恢复，"5·12"汶川地震后灾害移民的社会适应情况比较好。这是个体内外部环境共同作用的结果，同时也必须注意到统计分析不能有效反映个体状况的局限，结合访谈资料分析呈现出的一些典型问题值得我们去关注并深入分析，相关增进灾害移民社会适应能力、保障灾害移民社会适应基础环境条件的工作还必须持续加强。

---

① 风笑天：《社会学导论》，华中科技大学出版社，1997年版，第63页。

三、应用结论

本研究以实证主义方法论为指导,在文献回顾的基础上构建研究的理论分析框架,对相关研究内容进行经验设定,进而通过具体的观察,运用多种资料分析手段对理论进行验证。最终研究结果表明,以生态系统论等理论视角对灾害移民社会适应的具体状况及其影响因素进行实证考察,根据理论指导和经验借鉴而来的研究假设基本被观察资料证实,达到了检验理论和经验事实的实证研究目的,同时这一情况也说明了本研究在研究思路和方法上是合理可行的,以此开展的实证研究是具备一定的理论和现实意义的。

本研究所采用的研究思路和方法在逻辑和程序上是严谨精确的,可以为后来的研究提供一定的经验借鉴。

研究中发现的状况及问题凸显了灾害移民社会适应研究的迫切性和重要性,同时也启迪我们对灾害移民在特定情境下其社会适应的内在机理和特征规律进行深入思考。

研究采用严谨的概率抽样选取样本,所得调查结论具备对同类总体情况的可推论性意义,有助于相关各界了解和把握现阶段灾害移民社会适应的状况;同时,问题的呈现、反思和对影响因素的分析,有助于为灾害移民聚居区域相关部门推动社会建设和民生发展的政策出台提供充分的现实依据和一定的决策参考。

第二节　增进灾害移民社会适应的对策思考与相关研究展望

一、增进灾害移民社会适应的简要建议

暂且不论灾害移民的社会适应问题是少数个体"环境中的个人困扰"[①]，还是移民群体普遍面临的"社会结构中的公众论题"[②]，基于我国的国情，政策和政府行为层面的外部保障措施加强，在一定程度上会提升灾害移民个体和群体的社会适应水平。针对本次调查发现的灾害移民在社会适应中存在的一些问题，本书相应地也进行了思考，以政府的视角，就外部保障层面提出了以下几点粗疏的对策建议：

第一，政府选址应在科学决策的基础上尊重居民总体意愿，尽量在原有文化圈地域范围内进行搬迁，以免灾害移民在迁居后遭遇文化冲击，增加其文化适应难度。

第二，在集中安置时虽然采取了程序公平原则摇号分房，但应尽量保证按居民在原居地的居住聚落方式进行小区集中安置，尽力保障移民原有的因居住而带来的社会关系网络的稳定性和健全性。

第三，加大力度通过各种措施进行移民安置宣传，增强移民对政府主导的人口迁移工作的认知度和认同感，同时保证迁移政策和具体措施的公开透明，增加移民对政府的信任感。

[①] Mills，C W 著，陈强等译：《社会学的想象力》，生活·读书·新知三联书店，2001年版，第6页。

[②] 同上。

第四，转变工作观念，以能力提升服务为导向，切实通过各种途径从外部强化移民的社会适应能力，注重发动社会资源和力量，引导和组织社会机构辅助开展生计技能培训服务、就业链接服务、心理干预服务和群众矛盾调解服务等移民能力建设的服务工作。

第五，大力推进"家文化"建设，以社区为平台深化公共设施建设、完善社区服务体系、构建良好的社区氛围，打造社区"家文化"，让移民真切地感受到迁居地生活环境的优越性，增强其对社区的归属感。

二、研究不足与若干展望

（一）研究不足

本书尝试从研究内容和方法应用上做出一定的创新，但受时间和自身能力等主客观条件的限制，还存在一定的不足：

首先，在理论深度上尚待加强，本书虽然在灾害移民社会适应的理论分析部分阐释了方法论和理论基础，但相关理论分析体系构建方面的工作做得还不够到位，也期望在后续的进一步研究中完善。

其次，概率抽样虽然具备较强的可推广性，但介于人力、物力和时间等因素的制约，本书抽取的样本仅可能代表特大自然灾害尤其是地震灾害移民群体，对其他情况产生的灾害移民群体并不一定具备可推广性。

最后，本书在研究范式上属于量化的实证研究，所得结论主要依据观察资料的事实呈现，侧重于社会研究的描述和解释功能，为相关应用性的对策探讨做好研究准备，未能进一步有效地结合客观的国情地情，在综合充分的理论探讨和经验反思基础上进行具备说服力和可操作性的政策对策研究。

（二）若干展望

总体而言，本书基于实证范式下开展的调查研究所得出的结论是可靠而真实的，也具备一定的说服力。后期可以在此基础上继续深化拓展，在如下几个方面做出研究尝试：

首先要进行深入的理论研究，通过对移民理论、社会适应理论、文化适应理论、社会融合理论、社会支持理论、发展理论以及生态系统论思想的全面梳理和把握，创新适合我国国情的灾害移民社会适应研究的理论研究体系，并在这些理论的指导下开展务实的应用研究，为现实发展做出必要的贡献。

其次是方法运用上的创新和深化，要加强不同方法的综合运用，可通过田野研究、文献研究、调查研究甚至是社会实验的综合运用，以观察法、访谈法、文献法和问卷法综合收集特定资料，结合定量分析的演绎式推理和定性分析的归纳式推理深入进行现象的描述和解释，全面和深入地把握灾害移民社会适应现象的本质和规律。

再者是需要开展比较研究，或者将避灾移民纳入灾害移民范畴，通过对实际存在的不同情况的移民群体进行比较分析，得出具有更合理解释和更强说服力的研究结论。

最后是可以拓展灾害移民社会适应的内容，针对目前国内外大都研究移民社会适应静态性状况的局面：一方面可以继续开展纵向研究，动态了解、把握和比较不同时间点上灾害移民社会适应的状况，做出一定的趋势研判结论；另一方面可以通过长时间的田野研究对灾害移民社会适应的动态过程进行观察，从而更为准确地了解和把握灾害移民社会适应的机理和内在规律。

参考资料

一、著作

[1] 葛剑雄,等.简明中国移民史 [M].福州:福建人民出版社,1993.

[2] 江立华,等.中国流民史(古代卷)[M].合肥:安徽人民出版社,2001.

[3] 王俊祥,等.中国流民史(现代卷)[M].合肥:安徽人民出版社,2001.

[4] 孟昭华.中国灾荒史记 [M].北京:中国社会出版社,1999.

[5] 杨子慧.中国历代人口统计资料研究 [M].北京:改革出版社,1996.

[6] 赵文林,等.中国人口史 [M].北京:人民出版社,1988.

[7] 石方.中国人口迁移史稿 [M].哈尔滨:黑龙江人民出版社,1990.

[8] 特纳.社会学理论的结构(上)[M].邱泽奇,等译.北京:华夏出版社,2001.

[9] 贾春增.外国社会学史(修订本)[M].北京:中国人民大学出版社,2000.

[10] 杨彦平.社会适应心理学 [M].上海:上海社会科学院出版社,2010.

[11] 巴比.社会研究方法(第十一版)[M].邱泽奇,译.北

京：华夏出版社，2009.

　　[12] 豪格，等.社会认同过程［M］.高明华，译.北京：中国人民大学出版社，2011.

　　[13] 哈维兰.文化人类学（第十版）［M］.瞿铁鹏，等译.上海：上海社会科学院出版社，2006.

　　[14] 风笑天.社会学研究方法（第二版）［M］.北京：中国人民大学出版社，2001.

　　[15] 卢纹岱.SPSS for Windows 统计分析（第二版）［M］.北京：电子工业出版社，2002.

　　[16] 张文彤，等.SPSS统计分析高级教程（第二版）［M］.北京：高等教育出版社，2013.

　　[17] 塞尼.移民与发展：世界银行移民政策与经验研究［M］.水库移民经济研究中心，译.南京：河海大学出版社，1996.

　　[18] 阎蓓.新时期中国人口迁移［M］.长沙：湖南教育出版社，1999.

　　[19] 马戎.西方民族社会学的理论与方法［M］.天津：天津人民出版社，1997.

　　[20] 周敏.唐人街：深具社会经济潜质的华人社区［M］.北京：商务印书馆，1995.

　　[21] 唐传丽，等.移民与社会发展国际研讨会论文集［M］.南京：河海大学出版社，2002.

　　[22] 派恩.现代社会工作理论［M］.冯亚丽，等译.北京：中国人民大学出版社，2008.

　　[23] 梁茂春.灾害社会学［M］.广州：暨南大学出版社，2012.

　　[24] 吉登斯.现代性的后果［M］.田禾，译.南京：译林出版社，2011.

[25] 帕克,等.城市社会学:芝加哥学派城市研究文集[M].宋俊岭,等译.北京:华夏出版社,1987.

[26] 马伟华.生态移民与文化调适:西北回族地区吊庄移民的社会文化适应研究[M].北京:民族出版社,2011.

[27] 夏建中.文化人类学的理论学派[M].北京:中国人民大学出版社,1997.

[28] 蔡禾,等.城市社会学:理论与视野[M].广州:中山大学出版社,2003.

[29] 邓晓梅.农村婚姻移民的社会适应与时代变迁[M].北京:光明日报出版社,2014.

[30] 王晓毅,等.气候变化与社会适应:基于内蒙古草原牧区的研究[M].北京:社会科学文献出版社,2014.

[31] 陈建文.人格与社会适应[M].合肥:安徽教育出版社,2009.

[32] 杨善华,谢立中.西方社会学理论(上、下)[M].北京:北京大学出版社,2005.

[33] 风笑天.社会学导论(第二版)[M].武汉:华中科技大学出版社,2008.

二、论文

[1] 风笑天."落地生根"?——三峡农村移民的社会适应[J].社会学研究,2004(5).

[2] 李明欢.20世纪西方国际移民理论[J].厦门大学学报(哲学社会科学版),2000(4).

[3] 刘文清,等.北川、安县震灾农村移民集中安置比较研究[J].新农村:黑龙江,2011(7).

[4] 苗艳梅,等.对三峡移民社区环境适应性状况的考察[J].华中科技大学学报(社会科学版),2001(2).

[5] 王永丽,等.儿童社会生活适应量表的编制与应用[J].

心理发展与教育，2005（1）.

[6] 韦小满. 儿童适应行为量表的编制与标准化［J］. 心理发展与教育，1996（4）.

[7] 周钢，等. 概论美国的移民、民族和种族关系理论［J］. 史学月刊，1996（3）.

[8] 张车伟. 关于人口迁移理论的一种生态学观点［J］. 中国人口科学，1994（1）.

[9] 陈建文，等. 关于社会适应的心理机制、结构与功能［J］. 湖南师范大学教育科学学报，2003（7）.

[10] 包智明. 关于生态移民的定义、分类及若干问题［J］. 中央民族大学学报（哲学社会科学版），2006（1）.

[11] 程瑜. 广东三峡移民适应性的人类学研究［J］. 中南民族大学学报（人文社会科学版），2003（5）.

[12] 骆新华. 国际人口迁移的基本理论［J］. 理论月刊，2005（1）.

[13] 张晓青. 国际人口迁移理论评述［J］. 人口学刊，2001（3）.

[14] 位秀平，等. 国际移民理论综述［J］. 黑河学刊，2014（1）.

[15] 郑艳. 环境移民：概念辨析、理论基础及政策含义［J］. 中国人口·资源与环境，2013（4）.

[16] 李彩娜，等. 家庭功能与社会适应：个人自主的中介作用［J］. 心理发展与教育，2010（4）.

[17] 徐华炳，等. 理论构建与移民服务并进：中国移民研究30年述评［J］. 江海学刊，2010（5）.

[18] 朱力. 论农民工阶层的城市适应［J］. 江海学刊，2002（6）.

[19] 陈建文. 论社会适应［J］. 西南大学学报（社会科学

版），2010（1）.

[20] 辜胜阻. 马克思恩格斯人口迁移与流动理论及其实践意义［J］. 经济评论，1992（6）.

[21] 任善英，等. 牧区生态移民社会适应研究述评［J］. 生态经济，2014（9）.

[22] 王丽萍，等. 宁夏生态移民社会适应与心理健康现状调查——以杨显村等 10 个移民点为例［J］. 宁夏社会科学，2015（5）.

[23] 姚进忠. 农民工子女社会适应的社会工作介入探讨——基于生态系统理论的分析［J］. 北京科技大学学报（社会科学版），2010（1）.

[24] 魏津生. 人口迁移理论与水库移民研究［J］. 中国水利，2011（2）.

[25] 祁进玉. 三江源地区生态移民的社会适应与社区文化重建研究［J］. 中央民族大学学报（哲学社会科学版），2015（3）.

[26] 鲁顺元. 三江源区生态移民社会适应问题的调查与思考［J］. 青海师范大学学报（哲学社会科学版），2009（5）.

[27] 解彩霞. 三江源生态移民的社会适应研究——基于格尔木市两个移民点的调查［J］. 青海社会科学，2009（5）.

[28] 解彩霞. 三江源生态移民社会适应与回迁愿望分析［J］. 攀登，2010（6）.

[29] 石德生. 三江源生态移民的生活状况与社会适应——以格尔木市长江源生态移民点为例［J］. 西藏研究，2008（8）.

[30] 唐利平，等. 三峡水库外迁农村移民社会适应的社会学解读［J］. 水利发展研究，2007（12）.

[31] 苏红，等. 三峡移民的社会适应策略［J］. 思想战线，2005（1）.

[32] 郑丹丹，等. 三峡移民社会适应中的主观能动性［J］.

华中科技大学学报（人文社会科学版），2002（3）.

［33］聂衍刚，等.社会适应行为的结构与理论模型［J］.华南师范大学学报（社会科学版），2006（6）.

［34］鲁顺元.生态移民理论与青海的移民实践［J］.青海社会科学，2008（11）.

［35］李杰，等.生态移民社会适应、社会支持与心理健康状况调查——以内蒙古阿拉善盟孪井滩为例［J］.前沿，2011（12）.

［36］张铁军.生态移民社会适应问题研究［J］.理论建设，2012（3）.

［37］田晓娟.同心县生态移民的生活状况与社会适应研究——以石狮管委会惠安村移民点黄家水为例［J］.宁夏社会科学，2012（7）.

［38］杨宝琰，等.文化适应：理论及测量与研究方法［J］.世界民族，2010（4）.

［39］袁鸣，等.汶川地震灾害移民社会融入研究——以四川省德阳市罗江县某村为例［J］.长春理工大学学报（社会科学版），2015（3）.

［40］贺莉，等.汶川地震灾害移民生计状况变化［J］.贵州农业科学，2015（5）.

［41］马秀霞.我国近几年生态移民理论与实践研究概述［J］.宁夏社会科学，2012（7）.

［42］郝玉章，等.三峡外迁移民的社会适应性及其影响因素研究——对江苏227名移民的调查［J］.市场与人口分析，2005（6）.

［43］许传新."落地未生根"——新生代农民工城市社会适应研究［J］.南方人口，2007（4）.

［44］杨政.城市化进程中农民工的城市知觉与社会适应

[J].长白学刊,2004(4).

[45] 马凤鸣.农民工城市适应的影响因素——基于重庆和珠三角的比较研究[J].西南大学学报,2012(2).

[46] 陈世伟.社会建设视域下农民工的城市社会适应[J].求实,2008(2).

[47] 何绍辉.在"扎根"与"归根"之间:新生代农民工社会适应研究[J],青年研究,2008(11).

[48] 江立华,等.现代性与人口风险问题:转型期中国人口安全的社会学考察[J].江海学刊,2008(1).

[49] 何关银.移民理论研究新平台的构建——从社会学视角到历史观视角[J].重庆邮电学院学报(社会科学版),2003(6).

[50] 陈孔立.有关移民与移民社会的理论问题[J].厦门大学学报(哲学社会科学版),2000(2).

[51] 何得桂,等.灾害风险视域下避灾移民的迁移机理与现状及对策[J].农业现代化研究,2014(5).

[52] 施国庆,等.灾害移民的特征、分类及若干问题[J].河海大学学报(哲学社会科学版),2009(3).

[53] 王俊鸿,等.灾害移民返迁意愿及影响因素研究——以汶川地震异地安置羌族移民为例[J].西南民族大学学报(人文社会科学版),2013(7).

[54] 施国庆,等.灾害移民权益保障与政府责任——以5.12汶川大地震为例[J].社会科学研究,2008(6).

[55] 张芸,等.灾害移民社区冲突探析[J].长春理工大学学报(社会科学版),2014(3).

[56] 董亮,等.长江上游生态移民社会适应路径探索——以一个生态移民村的文化和职业培训工作为视角[J].农村经济,2013(11).

[57] 刘伟，等.中国移民的文化适应研究综述[J].宁波大学学报（教育科学版），2014（9）.

[58] 朱力.中外移民社会适应的差异性与共同性[J].南京社会科学，2010（10）.

[59] 杨彦平，等.中学生社会适应量表的编制[J].心理发展与教育，2007（4）.

[60] 孙丽璐，等.移民文化适应的研究趋势[J].心理科学进展，2010（3）.

三、外文

[1] SLOVIC, P. Perception of risk [J]. *Science*，1987，236.

[2] WOLPERT, J. Migration as an adjustment to environmental stress [J]. *Journal of Social Issues*，1966，22（4）.

[3] BATES, D. C. Environmental refugees? Classifying human migration caused by environmental change [J]. *Population and Environment*，2002，23（5）.

[4] SJÖBERG, L. Explaining risk perception: an empirical evaluation of cultural theory [J]. *Risk Decision and Policy*，2004，2（2）.

[5] HUNTER, L M. Migration and environmental hazards [J]. *Population and Environment*，2005，26（4）.

[6] DFID U. *Sustainable livelihoods guidance sheets* [M]. London: DFID, 1999.

[7] BEBBINGTON, A. Capitals and Capabilities: A Framework for Analyzing Peasant Viability, Rural Livelihoods and Poverty [J]. *World Development*，1999，27（12）.

[8] CHAMBERS, R（ed）. Sustainable Rural Livelihoods: Practical Concepts for the 21 Century [J]. *Institute of Development Studies*, IDS Discussion Paper, 1992, 296.

[9] MYERS, N. Environmental refugees [J]. *Population and Environment*, 1997, 19.

[10] MALLORY, W H. *China: Land of Famine* [M]. American Geographic Society, 2006.

[11] WOLPERT, J. Migration as an adjustment to environmental stress [J]. *Journal of Social Issues*, 1966, 22 (4).

[12] CASTRO, M (ed). Preparing For Resettlement Associated with Climate Change [J]. *Science*, 2011, 334.

[13] MORROW-JONES, H A (ed). Mobility due to natural disaster: theoretical consideration and preliminary analyses [J]. *Disasters*, 1991, 15 (2).

[14] WILDAVSKY, A (ed). Theories of risk perception: who fears what and why [J]. *Daedalus*, 1990, 119 (4).

[15] BLAIKE, P T (ed). *At Risk: Natural hazards, people's vulnerability, and disaster* [M]. London: Routledge, 1994.

[16] BUSS, D M. *Social adaptation and five major factors of personality* [M]. New york: Guilford, 1996.

[17] RAPPAPORT, R A. *Ritual and Religion in the Making of Humanity* [M]. Cambridge University Press, 2005.

[18] DUNFORD, M (ed). Earthquake reconstruction in Wenchuan: Assessing the state overall plan and addressing the "forgotten phase" [J]. *Applied Geography*, 2011, 33.

[19] COLB, S (ed). Critial Social Skill for Adolescents With High Incidence Disabilities: Parental Perspectives [J]. *Exceptional Children*, 2006, 69 (2).

后　记

　　本书在完成之际，虽有些许的欣喜和如释重负之感，但内心深处总存在着难以抹去的那点遗憾。因以前本科和硕士阶段参与过三峡库区移民社会适应项目的调查工作，最早奠基了我对移民社会适应研究领域的兴趣，加之 2008 年以研究者的身份在灾区进行社会工作服务指导和研究，以及受我的导师王学义教授主持的国家社科项目的启发，在王老师的认可和鼓励下终于将灾害移民社会适应作为选题进行研究。在本书的研究过程中，由于自身工作的繁忙，进程一拖再拖，这期间充满了艰辛和忙碌。由于我国缺乏完整的灾害移民研究理论体系，因此对国内外已有理论和经验研究的全面梳理和讨论，创新发展出适合我国国情的灾害移民社会适应研究的理论基础体系和分析框架，已构成灾害移民社会适应研究的关键所在。本书最初也是抱有这一强烈意愿，想做出一点具有理论和实证颇具深度的东西，但最终屈服于时间和自身能力条件，屈服于高强度的工作和学业压力，屈服于浮躁的心态，导致在本书实际研究与写作中侧重追求研究过程的严谨规范和方法的精确使用而忽视了研究深度的积累和深化，这一点或许就是我心中的那点遗憾所在。思之再三，也只有静下心来，脚踏实地地锤炼自己的理论功底，并不断地汲取实证范式、后实证范式、诠释范式以及自然主义范式等百家之长，对不同流派的理论、方法论及其研究范式和方法的创新式灵活采借，才能够进一步为笔者认识问题提供一个差异化但更为全面的视角，掌握更有力的工具以拓展和深化自己所期待的研究。

在此，对支持本书出版的各位老师和朋友表示由衷的感谢与诚挚的敬意。